AF611889

DIEPPE

ET

SES ENVIRONS

EN 1841.

Arques. — Les quatre Vallées. — Varengeville.

Par J. Morlent.

HAVRE.
J. MORLENT, éditeur de la Normandie Pittoresque.

DIEPPE.
Chez tous les Libraires.

Pour déguiser son larcin, quand un voleur s'empare d'un cheval blanc, il le teint en noir; la bête est toujours la même et ne fait que changer de robe; ainsi en usent les voleurs littéraires; ils prennent l'œuvre d'autrui, s'en nourrissent, s'en approprient les pensées, dissèquent l'ouvrage avec plus ou moins d'habileté, en retournent les phrases, en changent le titre et clament au public : voici un livre nouveau ! L'auteur volé n'a rien à dire; on ne lui a pris que le fonds, et la loi sur la propriété littéraire ne punit que l'emprunt de la forme. Cet honnête métier se fait en plein soleil, et sauf quelques plaintes isolées, dont personne ne tient compte, la tourbe ignare ou paresseuse donne dans le leurre tête baissée. L'auteur véritable est indignement spolié, voilà tout; on réimprime son livre avec le nom du voleur et sinon la morale du moins la légalité est satisfaite.

Ces quelques mots sur une fraude à l'ordre du jour étaient nécessaires pour expliquer la cause des citations nombreuses que nous avons faites dans cet opuscule.

DIEPPE

ET

SES ENVIRONS

EN 1841.

Arques. — Les quatre Vallées. — Varengeville.

Par J. Morlent.

HAVRE.

J. MORLENT, éditeur de la Normandie Pittoresque.

DIEPPE.

Chez tous les Libraires.

Pour déguiser son larcin, quand un voleur s'empare d'un cheval blanc, il le teint en noir; la bête est toujours la même et ne fait que changer de robe; ainsi en usent les voleurs littéraires; ils prennent l'œuvre d'autrui, s'en nourrissent, s'en approprient les pensées, dissèquent l'ouvrage avec plus ou moins d'habileté, en retournent les phrases, en changent le titre et clament au public : voici un livre nouveau! L'auteur volé n'a rien à dire; on ne lui a pris que le fonds, et la loi sur la propriété littéraire ne punit que l'emprunt de la forme. Cet honnête métier se fait en plein soleil, et sauf quelques plaintes isolées, dont personne ne tient compte, la tourbe ignare ou paresseuse donne dans le leurre tête baissée. L'auteur véritable est indignement spolié, voilà tout; on réimprime son livre avec le nom du voleur et sinon la morale du moins la légalité est satisfaite.

Ces quelques mots sur une fraude à l'ordre du jour étaient nécessaires pour expliquer la cause des citations nombreuses que nous avons faites dans cet opuscule.

M. Vitet a publié sur *Dieppe et ses environs* deux gros volumes, pleins de recherches curieuses, de faits intéressans, d'aperçus ingénieux, d'appréciations d'une grande justesse, le tout, *orné* d'un style rapide, élégant, coloré. C'est en résumé le meilleur ouvrage qu'on ait écrit sur un pareil sujet. M. Deville a donné une excellente monographie du château d'Arques; nous avons puisé abondamment à ces deux sources fécondes, parce que nous tenions à n'offrir au promeneur que des renseignemens sûrs, que des opinions sages, raisonnables et consciencieuses.

Nous eussions pu, dans cette circonstance, teindre aussi notre cheval, et, à l'aide d'un procédé connu, nous approprier le fruit des savantes explorations de nos deux excellens guides; mais, outre que tout ce qui est déloyal nous répugne, nous avons voulu, en citant le nom de ces deux écrivains, obliger le lecteur à recourir à leurs ouvrages; il trouvera-là, dans un vaste cadre, le tableau dont nous avons en raccourci reproduit l'esquisse.

Un mot de remercîment aux personnes qui par des notes précises et des documens utiles nous ont permis de remplir quelques lacunes.

DIEPPE.

Précis Historique.

Prions pour ceux qui vivent dans la foule
A l'abri d'un rempart qui sous le temps s'écroule
Et qu'assiége la mort;
Dans les villes, hélas! où luttent bien des haines,
Des intérêts divers, des passions humaines,
Où règne le plus fort.

B. de Lavallée.

La ville de Dieppe dont le territoire est semé de ruines romaines, n'était encore en 1030 qu'un petit port d'échoue, une chétive bourgade, dépendante de la cité d'Arques; ses pauvres habitants vivaient des produits de la pêche et des salines éparses sur cette plage marécageuse. Elle doit son nom à la Deep ou Dieppe, petite rivière qu'on nomme aujourd'hui la — Béthune — et qui mêle ses eaux à celles du port.

La conquête de l'Angleterre par Guillaume fut pour cette ville naissante une cause d'accroissement et de prospérité. Les communications fréquentes qui s'établirent entre la Normandie et la Grande-Bretagne, que le port de Dieppe sut mettre à profit, contribuèrent à augmenter sa population et ses richesses, si bien, dit

M. Vitet, dont l'excellent ouvrage nous sert en ce moment de guide, qu'un siècle après la conquête, Arques avait une rivale qui grandissait à ses côtés, tandis qu'au fond de la vallée solitaire Arques malgré son droit d'aînesse ne faisait plus que décheoir ; ceci est aussi l'histoire d'Harfleur annihilé au XVIme siècle par la fondation du Havre.

Mais Dieppe ne tarda pas à prouver que

De tous temps
Les petits ont pâti des sottises des grands.

En 1195, Philippe-Auguste dans ses querelles avec Richard d'Angleterre, dit Cœur-de-Lion, fond sur Dieppe à l'improviste, saccage la ville, brûle ses navires, détruit son port, la réduit en cendres et emmène ses habitants captifs. L'année suivante, Richard céda ces ruines à Gaultier, archevêque de Rouen en échange de l'île d'Andely.

Ce ne fut que plus d'un siècle après cet épouvantable catastrophe que Dieppe commença à reprendre figure de ville ; elle fut aidée dans sa reconstruction par la part de butin qui lui fut dévolue après le siège et le pillage de Southampton qui eut lieu en 1339, en récompense des services rendus par les nefs dieppoises montées par d'agiles et audacieux matelots ! Ces fonds et un don royal furent employés aux fortifications de la ville en 1364. Ces courageux matelots étaient devenus d'intrépides navigateurs ; leurs navires pénétraient dans l'océan atlantique, et les hommes qui les montaient donnaient le nom de Petit-Dieppe, à un établissement qu'ils fondaient en Guinée.

De nouvelles libéralités royales permirent d'exécuter d'utiles travaux ; une longue muraille, flanquée de tours, fut édifiée du côté de la mer, un phare s'éleva à l'entrée du port, qui fut protégé par l'érection d'une grosse tour carrée qui prit le nom de Tour-aux-Crabes. Dieppe où s'étaient établis une foule de commerçants étrangers, eut sa halle au poisson, sa maison de ville surmontée d'un beffroi; au sommet du beffroi était une statue de la Vierge que les navires à leur entrée saluaient de leurs pierriers et les matelots de leurs bonnets. En 1400, la plupart des chapelles et les voûtes de la nef de la belle église Saint-Jacques commencées dès la fin du XIIIme siècle, étaient terminées.

Sous le règne de Charles VII, Dieppe, comme tout le reste de la Normandie, tomba au pouvoir des Anglais, et ne fut remis qu'en 1433 aux mains du roi de France. Ce fut alors qu'on éleva sur la falaise de l'ouest un château, et que trois tours furent édifiées par le gouverneur Desmarets.

Talbot, le fameux capitaine anglais, se mit en tête et en mesure d'assiéger et de prendre Dieppe en 1442. Il fit élever sur la falaise, une bastille en bois qu'il arma de canons et de bombardes, mais, secouru par le dauphin, depuis Louis XI qui culbuta les Anglais et leur tua 500 hommes, la ville fut délivrée après neuf mois de siège; en mémoire de cette délivrance les dieppois fondèrent en l'honneur de la Vierge la confrérie de la mi-août, pieuse mascarade célébrée encore deux-cents ans après son institution.

Après cet orage, Dieppe rentra dans son ère de prospérité, il reprit ses constructions intérieures, ses relations commerciales et ses aventureuses courses maritimes; il fit réédifier son église, remplacer l'eau saumâtre de ses puits par les eaux douces de la source de Saint-Aubin qu'il amena à grand frais et à travers mille obstacles, jusques au centre de la ville. Au XVIme siècle elle était parvenue à un tel degré de prospérité et de splendeur, que sa population s'élevait à 60,000 habitants.

Henri II voulant tirer une prompte vengeance d'une insulte faite au pavillon français par la gouvernante des Pays-Bas, donna l'ordre à Coligny de mettre une flotte en mer; mais nos ports étaient vides: « Je ne connais, dit l'amiral, que les bourgeois et les marchands de Dieppe qui puissent fournir une flotte à votre majesté. » Et ce n'était pas sans raison que l'amiral exaltait ainsi les forces maritimes des Dieppois.

Sous François Ier vivait un bourgeois nommé Ango, dont la fortune acquise dans les armements et le négoce était devenue colossale; le roi lui-même avait reçu l'hospitalité dans la maison toute princière de cet opulent armateur et François avait été étonné de sa magnificence. Telle était, dit M. Justin, l'idée que le roi avait du marchand, que les Portugais ayant insulté un des navires d'Ango et celui-ci ayant fait en représailles ravager les bords du Tage par une escadre, François Ier renvoya par-devant le Dieppois l'ambassadeur qui vint de Lisbonne demander raison au roi de ces hostilités; Ango fut nommé par François, capitaine de la ville et du château de Dieppe. Lorsque Marie-de-Lorraine, reine douairière d'Écosse passa d'Angleterre en France, elle débarqua à Dieppe et fut reçue en grand apparat par le capitaine et par les bourgeois sous les armes: Voilà de braves gens, dit-elle, — Oui, madame, répondit Ango; et, Dieu merci, tels nombreux qu'ils soient je n'en compte pas un qui fasse le luthérien ou le calviniste. — Ah, monsieur, reprit la reine, voilà une grande bénédiction de Dieu! Tenez donc vos portes fermées, car vous ne manquez pas de mauvais voisins.

Mais les portes ne furent tellement closes que le loup ne parvînt à entrer dans la bergerie. En 1557, un libraire de Dieppe, revenant de Genève, en rapporta des bibles en français, des psaumes, et plusieurs — petits livres — qui circulèrent dans la ville et la campagne et formèrent un noyau d'apprentis hérétiques sous la protection d'une zélée bourgeoise de Dieppe, Hélène Bouchard, drapière, qui favorisait de tous ses moyens les partisans de la secte nouvelle. Bientôt Dieppe eut son pasteur qui prêchait toutes les nuits, tantôt dans une cave, tantôt dans des chambres secrètes; mais en 1559, les protestants étaient si nombreux à Dieppe qu'on se hasarda à aller au prêche en plein jour.

Vainement le cardinal de Bourbon, archevêque de Rouen, dépêcha-t-il son grand vicaire pour faire le procès aux réformés, ce grand vicaire fut hué et n'eut que le temps de faire seller son cheval et de partir au plus vite ; vainement encore le cardinal lui-même vint-il à Dieppe pour tenter l'épreuve d'une procession solennelle qui avait si mal réussi à son grand vicaire; son éminence, accueillie par des quolibets et des bravades perdit la tête et se réfugia dans une maison de peu d'apparence, n'osant rentrer dans son logis,

Le duc de Bouillon, sur les plaintes du cardinal, fut envoyé à Dieppe pour faire cesser le scandale des assemblées et des prêches publics. Le duc fit abattre la — grand'cour — où s'assemblaient les protestans et l'on mit en prison un jeune garçon accusé d'avoir abattu la tête d'une image; on envoya le pauvre enfant au présidial de Caudebec qui lui fit trancher la tête.

Le 12 mai 1561, on tint à Dieppe le premier synode

de la province de Normandie ; plus de cinquante ministres y assistaient.

Les protestans dieppois se sentant forts de leur nombre firent de temps en temps des sorties dirigées soit contre la ville d'Eu, soit contre le bourg et le château d'Arques. Nous ne suivrons pas, dit M. Vitet, dans leurs excursions ces petites bandes mi-parties de fanatiques iconoclastes et de voleurs de grands chemins, c'est toujours même histoire, toujours la sacristie qu'on dépouille, les tableaux et les statues que l'on mutile et qu'on brûle, le curé qu'on roue de coups, quand par bonheur on ne le pend pas.

Dieppe presque en état de rébellion contre l'autorité royale, se vit assiégé par le duc d'Aumale, envoyé pour en prendre possession ; il résista long-temps, encouragé qu'il se trouvait par un secours de vivres et d'argent que lui envoya Elisabeth, reine d'Angleterre ; mais l'exemple de Rouen, emporté d'assaut et livré pendant huit jours au pillage, fit faiblir le courage de ses défenseurs et les Dieppois se résignèrent à capituler. Les protestans se trouvèrent fort mal de cette transaction ; mais ils eurent une revanche.

Une conspiration tramée au Havre par Dufort ancien commandant de Dieppe avec le comte de Montgomery et Briquemont, un des officiers de l'amiral, eut tout le succès désirable ; les réformés reprirent possession de la ville et du château, et le 29 décembre Montgomery fit son entrée à Dieppe avec un grand nombre de gentilshommes et quatre compagnies de gens de guerre. Pendant deux mois qu'il occupa la ville, il fit endurer à ses habitans toute sorte de vexations et d'exactions. Il partit chargé de la malédiction de la population toute entière. Dieppe reconnut de nouveau l'autorité royale et bientôt il reçut la visite roi Charles IX et de la reine mère.

Les querelles religieuses n'en continuèrent pas moins à faire de Dieppe une place qui tombait un jour au pouvoir des protestans, le lendemain dans les mains des catholiques, et ces petites querelles ne se passèrent pas sans que beaucoup de sang ne fut répandu : mais dit P. Justin, quand vint l'ordre du massacre de la Saint-Barthélémy, le gouverneur, de Sigogne, par un trait de courage qui ne trouva dans d'autres villes qu'un petit nombre d'imitateurs, rassembla autour de lui les habitans de toute croyance, et, leur ayant communiqué l'ordre de la cour : « Ce mandat, dit-il, ne concerne que les calvinistes rebelles et séditieux, et j'en rends grâce au ciel, il n'en est pas parmi vous ! »

Mais il parait que ce M. de Sigogne fit dans la suite chèrement expier aux protestans, cet acte de tolérance que l'histoire a consacré. Non seulement il fit exécuter contre eux les rigoureux édits qui furent la conséquence du massacre de la Saint-Barthélémy ; mais il ajouta encore à la sévérité des injonctions royales, en confisquant à son profit les biens des réformés, en faisant décapiter les chefs impliqués dans une conspiration, et en ne cessant de travailler à leur ruine pendant les dix huit années que pesa son joug de fer sur la population dieppoise.

Au retour d'une excursion aux environs de la ville en compagnie de quelques gentilshommes, M. de Sigogne tomba dans une fondrière; son cheval en se débattant lui donna un si rude coup de pied dans la poitrine qu'il en mourut. Ce cheval avait appartenu à M. de Lineboeuf, gentilhomme protestant, qu'il avait fait décapiter, ce qui fit dire aux réformés qu'il avait été puni par où il avait péché.

Lors de la bataille d'Arques où il défit les ligueurs, Henri IV passa près de deux mois à Dieppe, mais le parti des réformés était abattu et presque anéanti ; le jour de son entrée, quelques anciens vinrent le trouver et le supplièrent de prendre en pitié leur religion : « Etes-vous les plus nombreux ? leur dit le roi. — Hélas non ! sire, les papistes ont repris le dessus. — C'est comme partout, répliqua le prince, que voulez-vous y faire ? Commençons par sauver la France. Le roi fit faire pendant quelques jours le prêche publiquement dans son logis. Mais Henri qui pensait que — Paris valait bien une messe, — ayant appris que les catholiques en parlaient mal fit transporter ces publications au jeu de paume du Pollet.

Un peu plus tard, continue l'historien de Dieppe, le vieil arbre catholique reverdit et poussa des rameaux plus vigoureux qu'une plante encore jeune et vierge; le protestantisme moribond, timide, taciturne s'effaçait pour n'être pas vu ; la révocation de Nantes lui porta le dernier coup, et tout ce qu'il y avait à Dieppe de réformés tant soit peu riches, bien nés, industrieux, se trouva au bout de quelques années transporté sur le sol anglais ; le reste des réformés trop pauvres pour trouver un batelier qui les portât à Douvres fit abjuration dans les mains de l'archevêque de Rouen, et c'est à peine aujourd'hui si le protestantisme compte à Dieppe quelques familles qui lui soient restées fidèles.

Après toutes ces querelles religieuses survint une autre calamité, la peste qui fut importée en 1669 par un navire chargé de vieux souliers, venu d'Angleterre ; aux ravages de cette terrible épidémie succéda un autre fléau, la guerre !

Le bombardement de Dieppe en 1694 eut un tel retentissement dans le monde, et les conséquences en furent si désastreuses pour cette malheureuse ville qu'il couvrit de ruines et de cendres, qu'il n'est pas sans intérêt d'en reproduire ici les traits principaux.

La France avait à lutter avec les débris de sa marine contre la flotte anglo-hollandaise, qui menaçait nos ports d'incendie et nos côtes de descentes, lorsque, le 16 juillet, la — Volage, — petite frégate de 8 canons, entra dans les jetées de Dieppe traînant à la remorque un bâtiment de guerre anglais de 18 canons qu'elle avait attaqué et pris à six lieues au large du Tréport.

Toute la population était sur le rivage, rayonnante de joie et se félicitant de ce beau fait d'armes.

En montant sur le quai, M. Beaujeu, commandant la — Volage — dit au procureur du roi qui lui tendait la main pour débarquer « Je crois que vous allez avoir l'ennemi sur les bras; cette frégate que j'ai prise était en védette et le gros de l'armée n'est pas loin.

Le lendemain au point du jour on apperçut l'escadre ennemie des hauteurs du Pollet; c'était des vaisseaux de haut-bord et des galiotes à bombes. L'alarme était dans la ville où se trouvait le marquis de Beuvron, lieutenant-général de la Haute-Normandie ; on se disposa à faire bonne contenance, car l'attaque devait être formidable, 120 voiles composaient la flotte ennemie. Les batteries dieppoises n'étaient garnies que de 38 pièces de canons de 36 et de 24, et de l'artillerie du château. Au bout de quelques heures d'attaque la plupart de ces feux se trouvaient éteints et la ville était exposée sans défense aux horreurs d'un bombardement qui durait depuis douze heures.

Les bombes avaient été lancées avec une si incroyable furie sur une ville bâtie en bois, que le feu y prit sur tous les points comme à de l'étoupe. Bientôt les fontaines furent à sec et nul effort humain ne put arrêter les ravages de cet horrible incendie.

L'ennemi tenait encore en réserve un moyen plus affreux que l'incendie, c'était un gros vaisseau, chargé d'artifices, de chaînes, de projectiles de toute sorte qui fut lancé à l'entrée du port avec le dessein d'en renverser les jetées par son explosion. Un courant imprévu changea la direction de cette infernale machine, l'explosion eut lieu ; elle fut entendue jusqu'à Rouen, mais elle ne causa aucun dommage ni au port, ni à la ville.

Le bombardement dura tout la nuit ; le lendemain vers le milieu du jour le feu se ralentit, les galiotes avaient fini leur tâche.... il ne restait plus rien à incendier dans la ville.... Dieppe n'était plus guère qu'un monceau de décombres ; quatre mille maisons avaient été brûlées ou à moitié détruites.

Quelques édifices mutilés restaient encore debout, entre autres les deux églises de Saint-Jacques et Saint-Remy ; le palais d'Ango, merveille de la sculpture en bois, fut consumé de fond en comble.

Le 24 juillet la flotte anglaise appareilla : c'était disait-on les réfugiés protestans qui avaient excité les Anglais à incendier la ville ; on cria haro sur les huguenots ; la populace fit main basse sur deux pauvres femmes et un vieillard, soupçonnés d'hérésie, elle les mit en pièces et jeta leurs cadavres à la mer.

Après ce grand désastre le roi envoya M. Perronnel son ingénieur pour tracer le plan d'une nouvelle ville. L'ingénieur se donna carrière, il fit un projet colossal, dessina une ville grande comme Rouen, qu'il voulait bâtir dans la prairie qui s'étend derrière les remparts hors de la portée des bombes. Les habitans protestèrent contre le plan, disant que ce n'était pas un Versailles qu'il fallait aux Dieppois et prièrent le roi de leur permettre de reconstruire leur ville sur ses anciennes fondations. La demande fut octroyée. Dieppe fut réédifié par les soins de l'ingénieur Vantaben qui fut surnommé — Gatteville, — sobriquet sous lequel sont connus ses descendans qui habitent encore la ville que leur aïeul a reconstrute. En 1720 Dieppe était presque entièrement rebâti.

La pêche seule faisait vivre ce qui restait de son ancienne population ; la guerre maritime de 1774 éclata, et jusqu'en 1749 Dieppe fut en proie à la plus affreuse détresse et à des angoisses continuelles ; la funeste guerre de 1756 anéantit toutes les espérances que la paix avait fait concevoir.

Le calme rétabli, la mer redevint libre ; mais un nouvel ennemi se conjura contre l'industrie dieppoise : le galet, caillou que les vagues détachent incessamment des falaises, bloqua son port en l'encombrant, éleva une barre entre ses deux jetées, et l'art des ingénieurs fut appelé tardivement à remédier au mal. Vers 1780 on termina des écluses de chasse et le vaste bassin qui leur sert de réservoir.

En 1789 on s'occupa très activement de l'ouverture d'une nouvelle passe, mais la révolution interrompit ces travaux. Le premier consul qui avait apprécié l'excellence des plans de Colbert et de Duquesne les fit reprendre, et reconstruisit à neuf en 1803 les écluses de chasse à demi ruinées.

Le 14 septembre de la même année, les Anglais jetèrent une centaine de bombes sur la ville, mais leur tentative de destruction n'ayant pu réussir ils se retirèrent.

En 1806 on ouvrit les travaux du bassin à flot dans la prairie au sud de la ville le long des anciens remparts, et depuis 1830 on s'occupe à conduire à fin des ouvrages qui doivent concourir avec l'établissement d'un chemin de fer, à rendre au port sa première profondeur et à Dieppe, sinon sa splendeur primitive, du moins une partie des sources de richesses que cette ville a perdues.

MONUMENS PUBLICS.

—

Fortifications. — Le château.

Au XVIIme siècle, Dieppe comptait une citadelle, un château, deux forts, une tour pour défendre l'entrée du port et six portes ; il reste aujourd'hui de ce système de défense quelques batteries sur la plage et le château qui, vingt fois restauré, remanié, raccommodé, a perdu son caractère primitif tout en conservant une physionomie intéressante. Ses fossés profonds, ses tours saillantes, son vieux donjon formé du clocher du vieux Saint-Remy dont il a fini par usurper la place, ses murailles crénelées lui donnent un aspect très pittoresque : mais il ne faut pas y entrer si l'on s'attend à trouver quelques débris féodaux, quelques fragmens de l'architecture militaire du moyen-âge dans cette demeure où le cardinal Mazarin passa quelques journées de son court exil. Il ne faut pas y entrer, car l'illusion disparait ; tout y est disposé à la moderne et le charme s'efface bien vite devant les pantalons garance et la garde-robe intime de la garnison étendue aux fenêtres.

Derrière le château se trouvent les ruines des courtines et des demi-lunes de la vieille citadelle de la Ligue. Il ne restait en 1832 qu'un seul débris digne d'intérêt : c'était un pan de mur de la tour aux Crabes, terminé par quelques créneaux et portant encore à l'un des angles une jolie tourelle ; mais les démolisseurs se sont mis à l'œuvre et les débris ont disparu avec la belle tour.

Hôtel-de-ville. — Bibliothèque.

Non loin du rivage de la mer, et presque en face d'une des batteries de côte est situé l'hôtel-de-ville, édifice qui n'a de remarquable que le genre de sa construction ; c'est un bâtiment — sans toit, — qui rappelle les maisons d'Italie.

La bibliothèque publique occupe une partie de l'hôtel-de-ville ; elle se compose de 8000 volumes, au nombre desquels figurent le grand ouvrage sur l'Egypte, quelques manuscrits relatifs à l'histoire de Dieppe et les œuvres de Richard Simon.

Toutefois on chercherait vainement la tombe de ce grand homme dans l'église Saint-Jacques, et son buste à l'hôtel-de-ville ; pourtant son nom suffirait à l'illustration d'une cité.

On voit aussi à la bibliothèque des urnes trouvées à Luneray et au faubourg de la Barre, des haches en silex de la cité de Limes, des vases, découverts à

Braquemond, objets curieux dont M. Feret, leur savant conservateur, vous raconte si bien l'histoire.

Eglise Saint-Jacques.

Cet édifice religieux est le monument le plus ancien et sous le rapport de l'art le plus intéressant que renferme la ville ; c'est, dit l'auteur de Dieppe en 1832, un beau vaisseau d'une grande proportion, d'un plan simple et noble ; l'extérieur offre de beaux détails sculptés et l'intérieur les restes d'une décoration riche et brillante.

On voit aussi la trace des spoliations et des assauts profanes qu'à subis l'édifice. Cette église, fondée au XIIIme siècle, fut bâtie avec une lenteur dont il faut chercher la cause dans les guerres qui, si long-temps désolèrent la province de Normandie.

La tour qui la domine et qui rappelle par sa construction celle de Saint-Jacques-la-Boucherie de Paris, date des XVme et XVIme siècles ; c'est un géant de pierre au milieu de pygmées.

La majeure partie de l'édifice appartient au XIIIme siècle qui a produit les merveilles des cathédrales de Beauvais, d'Amiens, de Saint-Denis et de la Sainte-Chapelle. A Saint-Jacques pourtant, le XVIme siècle l'a surpassé dans la chapelle de la Sainte-Vierge, cette délicieuse bonbonnière, cette tapisserie de pierre à voile de guipure, ce chef d'œuvre enfin de l'art et du travail humain.

Admirez à votre aise ces ravissans petits sujets que l'artiste a sculptés dans l'épaisseur des culs-de-lampe qui décorent la chapelle de la Vierge, c'est la vérité des tableaux flamands avec une certaine dose de noblesse et d'élévation.

Sur chaque cul-de-lampe, l'artiste a sculpté deux groupes en les séparant par quelques légers festons ; il y a en tout douze compositions, douze pages de la vie de la Vierge. Comme dessin, comme expression, comme ajustement des personnages, ce sont de véritables prodiges.

Les gargouilles ou gouttières de la nef sont d'une grande beauté, la plupart représentent des chimères, des dragons ailés, des animaux fabuleux ; l'une est un Triton à la barbe épaisse, à la poitrine velue, l'autre une Syrène qui répandait l'eau par les seins.

Le portail a perdu tous les ornemens qui en faisaient la grâce. Le — porche — des Sibylles est un petit vestibule plein de charme qui doit son nom aux statues des douze sibylles dont on voit les niches vides dans la muraille, ou peut-être, ces niches au nombre de quatorze étaient-elles occupées par Jésus, sa mère et les douze apôtres.

La longueur de l'église Saint-Jacques est de 100 mètres, de l'entrée de la nef à la chapelle de la Vierge, sa largeur est de 20 à 25 mètres.

La nef est divisée en six travées avec lesquelles s'harmonise la galerie supérieure. Le chœur se compose de trois travées, cinq autres forment le rond-point ; des galeries règnent à l'entour. Les chapitaux de l'église sont d'un dessin à peu près uniforme ; on compte dix-neuf chapelles autour de la nef et du chœur, celle de la Vierge comprise.

Enfin l'intérieur de l'église, malgré les mutilations qu'il a subi réserve encore de délicieux bas-reliefs à l'admiration du voyageur ; que son attention se porte sur la partie dite le — Trésor, — véritable ex-voto de la marine dieppoise, le plus joli monument qui soit resté des voyages de Parmentier,

La chapelle d'Ango, placée vis-à-vis du Trésor n'offre plus à l'intérieur que des fragments de sculpture incomplets ; mais les griffons, les arabesques, les ornemens répandus à l'extérieur sont des modèles de ce genre de sculpture, dû aux belles années et aux bons artistes de la Renaissance.

Saint-Jacques, véritable monument national, est en ce moment l'objet de réparations assez importantes. L'architecte qui dirige les travaux a bien compris sa mission, il est à regretter qu'il ait visé à devancer l'œuvre des temps en barbouillant, comme on l'a fait au château des Tuileries, les pierres neuves avec de la suie.

Saint-Remy.

Cette église est un des plus curieux monumens de la Renaissance que l'on puisse voir; c'est l'expression d'une grande pensée religieuse. Commencé en 1520, Saint-Remy ne fut complètement construit qu'en 1686 ; en dedans tout est renaissance, en dehors il n'y a que du gothique.

Saint-Remy, c'est le mausolée de Dieppe, c'est le Saint-Denis de la vieille cité. Tous les gouverneurs du château y ont trouvé une sépulture. Entrez dans la jolie chapelle de la Vierge, vous y verrez les cénotaphes des Montigny, d'Aymar de Chartres, de MM. Sicognes père et fils. Les soldats avaient ailleurs leur mausolée; M. l'abbé Cochet a retrouvé dans l'église du petit Appeville plusieurs inscriptions tumulaires portant les noms d'anciens archers des ville et château de Dieppe.

Nous ne sortirons pas de Saint-Remy sans jeter un coup d'œil sur un petit bénitier, placé à l'entrée de l'église, au dessous de la tour du midi ; des caractères qui n'appartiennent à aucun alphabet sont sculptés autour de ce bénitier, entre chaque lettre est une petite mitre d'évêque ; il y a sept caractères et sept mitres. L'attention de tous les antiquaires s'est portée sur cette légende ; mais aucun d'eux n'a pu jusqu'à ce moment trouver le mot de cette énigme. M. Vitet pense que ces caractères sont des chiffres mal formés et que la maladresse de l'ouvrier est la seule cause du mystère.

L'église Saint-Remy menace ruine ; ses gargouilles tombent avec les eaux qu'elles vomissent ; ses fenêtres sont ébranlées par les vents ; ses colonnes tronquées, ses contreforts minés par la pluie ; il faut se hâter, si l'on veut garder intact ce curieux échantillon de l'architecture du XVIe siècle.

Le Port. — Les Bassins.

Le port de Dieppe s'ouvre par deux belles jetées de pierres de taille à la tête desquelles la profondeur de l'eau, dans les hautes marées est de dix à onze mètres; la pleine mer, à la nouvelle et à la pleine lune, est à onze heures.

Ce port ou mieux l'avant-port, donne entrée sur le vieux bassin qui fut achevé et ouvert le 30 août 1806.

On a gravé les quatre inscriptions suivantes :

Sur les murs du bassin :

SOUS L'EMPIRE DE NAPOLÉON-LE-GRAND.

Sur l'écluse à droite :

SOUS LA PRÉFECTURE DE M. SAVOYE-ROLLIN.

Sur un des côtés du mur d'enceinte :

SOUS LA SOUS-PRÉFECTURE DE M. CARTIER.

Sur l'autre côté :

SOUS LA MAIRIE DE M. DUVAL.

On travaille en ce moment à la construction d'un second bassin qui sera terminé dans quelques années; les travaux de barrage sont en cours d'exécution. Chacun de ces bassins pourra contenir soixante navires d'un assez fort tonnage ; ils suffiront long-temps au commerce maritime de Dieppe ; il sera d'ailleurs très aisé d'en augmenter le nombre; la disposition de la belle vallée de Dieppe se prêtant merveilleusement à toute combinaison qui aurait pour objet de donner une grande extension à son port.

Les Bains.

Le port de Dieppe s'ouvre dans l'intersection de deux hautes falaises qui dominent la ville et impriment par leur élévation un cachet de mesquinerie aux constructions élevées par la main de l'homme. Aucun édifice n'a plus à souffrir, dans son amour-propre, qu'on nous pardonne l'expression, que l'établissement de bains qui rampe sur la plage aux pieds de la falaise méridionale. « Ces constructions sont bâties en bois et si légères, dit M. Vitet, qu'on s'étonne qu'elles aient pu résister jusqu'ici à ces terribles vents d'ouest qui ébranlent jour et nuit cette plage. peut-être, au lieu de ces pavillons à colonnes ioniques, au lieu de cette espèce de portique triomphal, aurait-on pu construire quelque chose de moins coquet, de plus robuste et de mieux en harmonie avec cet âpre galet, cette mer houleuse, et cette grande roche couronnée des sévères bastions du château ? Singulier spectacle que ces petits portiques, ces colifichets de théâtre, à côté de l'immense océan et de cette vieille citadelle ! D'un côté, les vents et la tempête ; de l'autre, une vieille maçonnerie indestructible, et dans le milieu, un joujou d'enfant. Si l'on n'y prend garde, la mer s'en amusera quelque jour ! »

Salle de spectacle.

C'est un joli monument, élevé sur les dessins et par les soins de M. Frissard, alors ingénieur des ponts-et-chaussées au port de Dieppe. La coupe en est toute gracieuse, la distribution commode, les dégagemens faciles et les décors de bon goût ; cette salle peut contenir plus de 800 spectateurs. Dieppe n'a pas de troupe sédentaire ; la vie de famille y est un obstacle à la fréquentation habituelle du spectacle ; aussi le théâtre est-il rarement ouvert dans une autre saison que celle des bains ; il est alors exploité par une troupe d'arrondissement qui joue, trois fois par semaine, la comédie, le drame et le vaudeville.

PROMENADES DANS LA VILLE.

Le premier désir, le premier soin, la première visite d'un promeneur curieux qui arrive dans une ville maritime, appartiennent de droit au port, parce que c'est là qu'il sait bien que l'attendent de nouvelles impressions ; des rues, des églises, des maisons, des places publiques, il y en a partout ; et ce qu'on peut voir partout, on met peu d'empressement à le chercher, parce qu'on est sûr de le trouver à volonté. Mais la vue d'un port, au moment de la haute mer, est un spectacle toujours imposant, toujours attrayant, toujours nouveau ; c'est une vaste scène dont les décors et les personnages changent à chaque instant ; aussi commencerons-nous cette promenade par une visite à la Jetée. « On ne connaitra, dit M. Vitet, cette jetée de Dieppe, et l'on ne pourra comprendre le charme que j'y trouve, que si deux ou trois fois par hasard on est allé s'y promener ; il faut pour s'y plaire avoir séjourné dans la ville, et chaque jour, au moment de la marée, être venu passer quelques heures sur ces pierres et sur ces vieilles poutres de bois rongées par la mer. Comme l'heure de la marée change continuellement, ce sera chaque jour un tableau nouveau ; vous connaîtrez toutes les nuances diverses de la mer et de l'atmosphère, depuis la vapeur légère et transparente du matin jusqu'à l'éclat pourpré du soleil couchant, lorsque son disque de feu s'éclipse par degrés dans les flots. Les accidens de la lumière, le jeu fantastique des nuages, leur forme bizarre, le caprice des vents tantôt frémissans et impétueux, tantôt légers et caressans, tout vous attache, tout vous captive ; vous suivez de l'œil et de la pensée ces vagues toujours les mêmes et toujours diverses, condamnées à suivre un mouvement uniforme, et semblant n'obéir à cette loi qu'avec liberté, et chacune à sa manière. Admirable monotonie sur laquelle plane une infinie variété ; symbole de la beauté de ce monde, de la beauté telle que la veut notre esprit, telle que la cherchent nos yeux.

« Et quand, sur ce magnifique théâtre, les acteurs viennent tout-a-coup jeter le charme de la vie et de l'individualité, quand vous êtes tiré de votre rêverie par ces innombrables barques qui courent et se jouent sur la plaine immense, alors, dites-moi si cette jetée n'est pas un lieu de magie et de séduction ? Tout à l'heure, en arrivant, vous comptiez à l'horizon vingt, trente, cinquante points noirs ; maintenant ce sont autant de navires qui se pressent à l'entrée du chenal, et s'y introduisent tour à tour, chacun avec une allure, une pose, une physionomie différente. Puis quand tout le cortège est rentré, un autre spectacle commence : ceux qui sont restés dans le port profitent, pour en sortir, de la marée qui va baisser. Vous les voyez alors s'avancer lentement, traînés, tirés par des cordes comme de pauvres chariots embourbés ; vous diriez une procession de malades, les bras tombans, les joues décharnées, se traînant à pas lents pour aller prendre le bon air : mais à peine ont-ils doublé la pointe du chenal, ce bon air, ce vent de mer les saisit, les ranime ; leurs voiles se tendent et se gonflent, ils semblent retrouver spontanément leur énergie, et tout à coup bondissant de vigueur et de santé, ils s'élancent et atteignent l'horizon. En moins d'une heure ce sont eux qui à leur tour deviennent de petits points noirs, jusqu'à ce qu'enfin votre œil renonce à les suivre et les perde dans l'immensité.

« Quelque beau que soit ce spectacle, les bourgeois de Dieppe viennent rarement en jouir ; s'ils sortent de leurs boutiques et de leurs maisons, ce n'est pas vers la mer qu'ils portent leurs pas ; mais de vieux matelots que leur âge ou leurs blessures condamnent à ne plus naviguer, s'en viennent tous les matins s'asseoir sur ces bancs de bois, et passent leur journée à contempler d'un œil d'amour et de regret cette mer qui a fait divorce avec eux. Ils viennent chercher des illusions, entendre le bruit des vagues, humer l'air salin : c'est presque comme s'ils étaient à bord. Approchez-vous d'eux : vous les rendrez si heureux en écoutant leurs longues histoires ! peut-être même ne vous plaindrez-vous pas de les avoir entendues. Mais causez surtout avec Bouzard, leur chef, leur modèle, le maître-pilote, le capitaine de la jetée. Bouzard est le gardien du phare, le gardien des approches et de l'entrée du port. Quand la mer est assez haute pour qu'on puisse sans danger entrer dans le chenal, Bouzard en donne avis aux bâtimens qui sont en rade en hissant un pavillon ; s'il fait jour, en allumant son phare, s'il fait nuit. Survient-il un gros temps, Bouzard prend son porte-voix, s'attache, pour n'être pas emporté par la mer, à ce gros poteau de bronze planté sur le parapet à l'extrémité de la jetée ; et de là, malgré les vagues qui le fouettent et le couvrent d'écume, il essaie de se faire entendre des navires que le vent pousse à la côte, il leur signale le chemin qu'ils doivent suivre pour se sauver. Combien de malheureux n'a-t-il pas arrachés à la mort, soit du haut de ce poste périlleux, soit en se jetant lui-même à la mer ! Il y a plus de cent ans que de père en fils les Bouzard sont gardiens du phare, toujours debout, toujours l'œil sur la mer, la nuit et le jour, l'hiver comme l'été, au fort de la tempête comme par les beaux temps. Non loin de la jetée on voit une maison que la reconnaissance publique a consacrée à cette famille ; elle a été bâtie aux frais de la ville pour le père de Bouzard, lequel avait je crois, sauvé onze personnes dans divers naufrages. Il fut récompensé par Louis XVI, et sous l'empire il reçut la croix d'honneur. Son fils a les mêmes titres à faire valoir, et le gouvernement voudra sans doute le faire hériter de cette croix, aussi bien que du périlleux métier de son père. Le Bouzard d'aujourd'hui est un marin de bonne mine, pilote habile et vénéré dans le port. Il parle à la polletaise ; sa physionomie, quoique défigurée par des blessures, est agréable à force de bonté ; son costume est original : il porte, comme beaucoup de matelots dieppois, des boucles d'oreille d'or longues de deux pouces ; jamais, à son humeur, on ne devinerait la rude vie qu'il mène ; il est aussi gai qu'intrépide. »

Pour bien juger du port, de la rade, des bassins et de la ville de Dieppe, il faut gravir sur la falaise de l'est ; c'est de ce point de vue qui n'a pas échappé au pinceau des artistes, qu'on saisit parfaitement cet ensemble admirable. Le regard embrasse son grand bassin de forme irrégulière, l'ouverture de la passe, l'arrière-port et la retenue. A l'est de l'arrière-port, s'étend un autre bassin à flot dont les travaux s'exécutent avec une lenteur désespérante pour le commerce ; ce bassin n'aura pas moins de 40,000 mètres de superficie. Dans l'arrière-port se jette la rivière d'Arques, canal de flottaison pour les bois qui se consomment à Dieppe. Vous distinguez la retenue qui sert ou devait servir à désobstruer le port du galet qui l'encombre.

L'aspect du port de Dieppe, sa population de pêcheurs, sa grève, ses navires, tout ce qui se rattache enfin au mouvement et à l'établissement maritimes, porte un cachet d'originalité native qu'on chercherait vainement au Havre. La rade de Dieppe déployant sur une immense étendue ses eaux qui empruntent à leur profondeur une teinte d'un vert foncé a un caractère de grandeur imposante qui manque à la rade du Havre dont l'horizon est borné sur presque tous les points par la ligne bleuâtre des côtes du Calvados et du Cotentin, les blanches falaises qui enserrent à l'est ces ondes tempêtueuses comme ferait la paroi d'un bassin gigantesque, et dans l'intersection desquelles falaises la ville est venue humblement s'asseoir comme un chien aux pieds de son maître, encadrent merveilleusement le tableau. Promenez-vous le long de cette grève qui défend la ville contre les assauts des vagues, vous la trouverez toute sauvage encore, et toute hérissée de galets, sur lesquels gisent quelques barques de pêche, toute parfumée des émanations qu'exhalent les plantes marines éparses çà et là sur le rivage. La grève du Havre, moitié sablonneuse, moitié caillouteuse est plane et unie; point d'algues odorantes, point de vieilles barques à la coque bariolée d'herbes de mer, entremêlées de ces coquilles univalves qui se cramponnent à leurs massifs bordages comme à un rocher protecteur.

Le contraste est plus frappant encore si de la nature morte vous passez à la nature vivante. La population maritime de Dieppe a conservé ses franches et vives allures, son langage énergique et coloré, ses préjugés mêmes; renfermée dans sa spécialité elle repousse tout ce qui tend à effacer sa primitive empreinte; hommes, femmes, enfans, vieillards, génération qui qui fuit, génération qui commence, tout ce qui tient à la mer, tout ce qui vit de la mer est encore ce qu'il était il y a trois siècles; le temps n'a rien affaibli, rien altéré. Au Havre, la métamorphose est complète, il n'y a plus de familles de marins, plus de costumes de marins et presque plus de langage de marins; quelques vieux pilotes luttent encore contre la destruction des habitudes et des mœurs traditionnelles: mais quand avec les vieux pilotes disparaîtront bientôt les dernières traces du caractère originel, il ne restera plus au Havre que de la marine fashionable.

Dieppe n'est plus qu'un port de pêche, et cela se devine en jetant les yeux sur les navires amarrés aux quais de ses bassins. « Dans ce port déserté, point de mâts entés les uns sur les autres jusqu'à la hauteur de cent ou deux cents pieds, point de voiles superposées dans les airs ; les mâts n'ont qu'un étage. Rien de moins léger, de moins élégant que ces embarcations ; elles ont plutôt la forme d'un sabot que d'un navire. » Cela était vrai en 1832, cela est encore vrai en 1841, quelques bricks, un ou deux trois-mâts, dominent seuls comme des géants cette flotille de barques de pêcheurs ; dans la belle saison, lorsque les relations avec l'Angleterre reprennent de l'activité, un steamer qui fait le trajet de Dieppe à Brigthon donne un peu d'animation à cette marine ; mais « L'aspect du port, soit au départ, soit au retour des pêcheurs offre aussi les scènes les plus pittoresques, les tableaux les plus variés. Ici ce sont les femmes, les enfants, les vieux marins infirmes qui halent les bateaux, marchant en cadence, le corps penché et comme attelés à ces longues — amarres. — Plus loin on débarque le poisson, on l'entasse en monceaux, on le transporte dans de petites hottes ; c'est un mouvement, une bigarrure de couleurs, un cliquetis de paroles qu'il est impossible d'imaginer. »

Le Havre n'a point de scène pareille à offrir à l'observateur ; mais en revanche on voit une triple rangée de magnifiques paquebots se balancer sur les eaux des bassins, vingt beaux steamers bruire aux heures de la marée sur les ondes de son avant-port et se presser dans sa passe étroite ; mais ses quais nombreux sont couverts de tentes où se déposent les produits des deux mondes ; mais une foule immense, occupée, empressée, affairée, circule le long de ses bassins, dans ses rues, sur ses places publiques. Le Havre c'est l'homme vivant, Dieppe le cadavre galvanisé.

Si de la jetée de l'ouest nous nous dirigeons vers la grève, nous arriverons en foulant un gazon imprégné de vapeurs marines, à travers des batteries de côte, à l'établissement de bains à la lame en laissant à notre gauche l'hôtel-de ville et l'établissement des bains chauds qui n'en est séparé que par un faible espace.

Il y a vingt ans, une barraque en mauvais état, quelques tentes mal établies éparses çà et là sur le rivage et une espèce de hangar sous lequel étaient disposées quelques baignoires formaient dans leur chétif ensemble l'établissement des bains de mer de Dieppe. Aussi la plupart des baigneurs, quelqu'attrait que cette ville leur présentât sous le r apport de sa proximité de Paris, commençaient-ils à donner la préférence à Luc près de Caen et à Boulogne, lorsque l'autorité municipale de Dieppe comprit enfin combien il importait à la prospérité de la ville, non seulement de conserver ses baigneurs, mais d'en augmenter le nombre ; ce qui n'était possible qu'en leur offrant ce qu'ils étaient sûrs de rencontrer ailleurs, un établissement digne de sa destination.

A la tête de l'administration se trouvaient alors deux hommes de mérite et très recommandables, qui prirent en main les intérêts des Dieppois et qui surent mettre le temps et les capitaux à profit. Ces hommes dont le nom mérite de trouver place dans cet opuscule sont M. Quenouille, maire, M. le comte de Brancas, sous-préfet. M. Quenouille contribua efficacement à la formation d'une compagnie d'actionnaires, constituée en société anonyme, et sans attendre que cette société eût réalisé des fonds il se rendit acquéreur d'une maison située à proximité de la plage et présentant toutes les conditions de convenance que l'on devait rechercher dans la création d'un établissement de ce genre. Son active sollicitude et l'empressement de ses concitoyens à contribuer à la prospérité de la ville firent le reste. Au mois de mai 1824, barraques, tentes et hangards étaient transformés en ces élégans pavillons que vous avez sous les yeux, ce sont les Bains à la lame, et en cet hôtel qui les avoisine et qu'on nomme les Bains chauds.

Les prévisions des fondateurs ne furent pas trompées; les constructions furent à peine élevées que l'établissement des bains de Dieppe se trouva placé sous le patronage d'une princesse, amie des arts, des plaisirs et de la variété; elle y vint, suivie de toute la cour, escortée de tous les plaisirs, de tout le luxe de la capitale. Dès ce moment la vogue fut assurée aux bains Caroline et cette vogue était une fortune pour les Dieppois qui s'empressèrent de livrer aux nobles baigneurs, aux élégantes baigneuses, non-seulement leurs habitations, mais leur ville toute entière dont ces derniers usent comme de leur propriété tant que dure la belle saison, qui dans le pays devint la bonne saison pour tout le monde.

» L'établissement des bains de mer de Dieppe dont l'administration a subi depuis sa création des phases diverses, sans rien avoir, dit l'auteur des Souvenirs et Croquis, du caractère de magnificence et de grandeur attaché au quai de Brigthon, charme l'œil par son élégante simplicité; ses arcades légères contrastent d'une façon charmante avec les vieilles murailles et les vieilles tours qui font l'enceinte de la ville, comme avec le château antique suspendu sur la montagne, et plus que tout avec cet océan dont leurs contours laissent appercevoir la plaine immense et les flotilles pavoisées, et l'horizon sans bornes. Là se presse la foule. »

Deux vastes pavillons, dressés sur cette extrême limite de la terre et de l'océan rassemblent tous les jeux propres à charmer le cours des heures ; c'est là que se réunit la jeunesse fashionable pour se livrer à l'entraînement d'un galop animé, tandis que l'homme grave retiré dans le coin du salon recherche avidement sur les — petits carrés de papier — dont parle M. Alphonse Karr, les nouvelles changeantes du monde politique qu'il savoure au bruit du perpétuel mugissement des flots.

A l'est et à l'ouest du grand établissement de bains une société a formé en 1834, des bains à la lame et une école de natation. C'est une concurrence peu redoutable et qui a son bon côté. La réduction du prix des bains dits Colette-Quenouille, les rend utiles à cette classe de citoyens qu'on appelle trop dédaigneusement peut-être — la petite propriété.

Derrière le château, à l'ouest, sont les vieux remparts de Dieppe qui forment au sud la promenade du Cours et n'offrent rien de remarquable ; mais non loin de là au pied du Mont-de-Caux, en dehors de l'épi du Fort-Blanc s'étend le nouveau parc aux huîtres entouré de claies ; là sont déposées dans de vastes réservoirs, dont l'eau se renouvelle à chaque marée, des milliers d'huîtres pêchées dans la baie de Cancale et sur la côte de l'ouest. D'autres réservoirs sont situés sur les bords de la retenue et au-delà du Pollet et du Cours. La conservation, l'amélioration et l'expédition des huîtres sont encore une des branches de l'industrie maritime des Dieppois. Plus de douze millions de ces huîtres sont mis en cloyère et dirigés chaque année sur Paris et d'autres villes du nord de la France. Les huitres de Dieppe ont une grande réputation, due à leur excellente qualité.

Si nous rentrons en ville après avoir visité et admiré les églises Saint-Jacques et Saint-Remy, * nous chercherons une petite place dont le nom est bien trivial, mais qui n'en mérite pas moins d'arrêter un moment notre attention.

Mettons donc le pied sur la place du Marché aux Veaux ; là nous pourrons contempler deux vieilles maisons échappées aux ravages du bombardement de 1694 et l'Ecole-Manufacture de dentelles, association charitable, mise en 1825 sous la protection de la — duchesse de Berri ; — après 1830, sous l'auguste patronage de la — Reine des Français. — Cette école sous la direction toute maternelle des sœurs de la Providence, compte plus de deux cents enfans instruits dans la fabrication de la dentelle, la couture, la lingerie et le tricot.

La fabrication de la dentelle fut long-temps à Dieppe et au Havre l'objet d'un grand commerce. Dans cette dernière ville elle a été tout-à-fait abandonnée; à Dieppe elle n'offre aujourd'hui aux femmes

---

* Grâce au zèle pieux et artistique de M. l'abbé Cochet, vicaire de Saint-Remy, les couches de badigeon qui empâtent les sculptures de la façade du Trésor de cette église, auront bientôt disparu.

qui s'y livrent par habitude ou par nécessité que la chétive perspective d'un salaire de vingt centimes par jour.

Si nous sortons de la place aux Veaux pour entrer dans cette longue Grande-Rue de Dieppe, remarquable par l'uniformité de ses constructions, nous y trouverons les produits d'une autre industrie, aussi ancienne et un peu plus lucrative, c'est l'art de travailler l'ivoire. L'historien de Dieppe a fait à ce sujet de curieuses recherches.

« Il existe, dit-il, dans une certaine classe de cette population, une aptitude innée pour les ouvrages de sculpture. Les premiers essais en ce genre datent de la fin du XIVme siècle ; dans le XVme et le XVIme les Dieppois étaient passés maitres et célèbres dans toute l'Europe, aussi bien comme ivoiriers, que comme marins. Le bombardement porta un coup fatal à cette industrie; en 1816 elle était réduite à rien.

Il ne restait à Dieppe qu'un petit nombre d'ivoiriers, derniers débris du naufrage de cette profession, lorsqu'un beau jour, à leur grande surprise, ils virent les Anglais, nouvellement débarqués, se jeter d'un œil curieux, et les guinées à la main, sur leurs merveilles depuis si long-temps dédaignées. Bientôt les baigneurs se joignirent aux Anglais, et il n'y eut plus à Dieppe assez de sculpteurs en ivoire pour satisfaire aux demandes de ces amateurs imprévus. Il a fallu quelques années pour former des recrues ; mais maintenant cette industrie occupe un grand nombre de bras, et devient de plus en plus florissante. La concurrence rend les prix abordables, et sous le rapport du goût et du dessin les ivoiriers font chaque jour des progrès. Il y a dix ou douze ans les formes de leurs sculptures étaient encore lourdes et provinciales ; mais ces visites annuelles de tout ce que la capitale possède de plus élégant et de plus recherché ont eu bientôt dissipé cette rouille ; les sujets sont devenus mieux choisis et plus gracieux à mesure que l'exécution acquérait plus de facilité et de délicatesse.

Toutefois, cet interrègne d'un siècle a interrompu les traditions. On sculpte encore très bien l'ivoire aujourd'hui, mais ce n'est plus l'ancien travail dieppois. Le style du XVIIme siècle, lequel n'était déjà probablement qu'une décadence de celui du XVIme, a quelque chose de plus abandonné, de plus franc, de plus hardi que le travail des sculpteurs actuels. On fouillait davantage l'ivoire, on le dentelait d'une manière plus capricieuse, plus à la façon desChinois. Je doute que jamais, dans le genre sévère et correct, on ait fait à Dieppe de ces belles compositions, de ces délicieuses figures qui font la gloire des ivoiriers flamands et italiens ; mais pour tous les ouvrages de fantaisie on y travaillait en perfection. J'ai vu des navettes, des bonbonnières et autres bagatelles sculptées à jour, non pas même à la belle époque, mais il y a cent ans environ ; le caractère en est tout particulier, et l'on ne possède plus le secret de faire ainsi : aujourd'hui ces mêmes dentelles auraient quelque chose de plus régulier, de plus roide, de plus mécanique pour ainsi dire.

Sans chercher à ressusciter ces traditions perdues, tentative presque toujours froide, stérile et plus souvent encore impossible, il y a, je crois, quelquechose à faire pour donner une direction meilleure, pour élever à une perfection plus haute cette école de sculpteurs-ivoiriers. Les dispositions naturelles sont extraordinaires ; vous voyez les enfans en apprentissage creuser, évider, déchiqueter l'ivoire avec une facilité, une adresse toute instinctive, et dont vous demeurez confondu. Ce n'est pas seulement l'ivoire qu'ils travaillent ainsi, ce sont tous les corps d'une dureté à peu près semblable, l'ébène, le coco, le poirier, le chêne. Allez dans les moindres églises des environs, ces stalles, ces balustrades de bois, c'est le charpentier du village qui les a taillées ; eh bien, au lieu de les raboter, de les polir, comme on eût fait en cent autres lieux de France, il a fait saillir en bosse des fleurs, des rubans, des guirlandes. Tout cela est sculpté avec audace, d'un jet libre et décidé. Dans les cabanes comme dans les châteaux, partout vous trouvez des meubles, des lambris, qui n'ont pas été faits par de simples ouvriers, mais par des hommes pour qui c'était un bonheur, une vocation, un don héréditaire, de modeler, de ciseler, de faire des reliefs.

Il y a donc dans cette population les germes d'une race de sculpteurs. Il est du devoir du gouvernement de ne pas laisser s'égarer et se perdre ces précieuses semences. Que faut il à des enfans si heureusement doués, pour prendre rang à côté de nos artistes et régénérer peut-être parmi nous cette sculpture en ivoire si vénérée des anciens ? Il leur faut quelques élémens de dessin et surtout la vue des bons modèles.

Déjà l'un de ces vœux est exaucé ; la ville de Dieppe a établi depuis quelques années une école gratuite de dessin. Le professeur, M. Amédée Féret, a obtenu les plus heureux résultats ; mais il ne donnera carrière aux dispositions de ses élèves, que lorsqu'il pourra mettre sous leurs yeux ces modèles de sculpture qu'on voit dans toutes les écoles et que celle-ci ne possède pas encore.

Si votre philantropie chrétienne est à l'épreuve du dégoût que ressentent la plupart les gens du monde, à l'aspect des infirmités humaines, je vous conduirai rue d'Ecosse, là vous verrez avec un serrement de cœur l'état de délabrement dans lequel se trouvent les deux hospices de Dieppe ; dans l'un on admet les vieillards et les orphelins ; c'est l'hospice général, confié aux religieuses de l'ordre de Saint-Thomas de Villeneuve ; l'autre est spécialement affecté aux malades qui reçoivent les soins de religieuses placées sous l'invocation de Saint-Augustin. L'hôpital général de Dieppe, sous le nom de Charité de Saint-François, fut fondé en 1663 ; on le réunit alors avec l'Hôtel-Dieu dont la fondation était contemporaine de la ville ; on donna ensuite à cette institution le nom d'hôpital de la Vase qui était celui d'une petite porte voisine donnant sur la mer.

Dieppe a deux faubourgs, la Barre et le Pollet; chacun d'eux a une physionomie distincte. Le faubourg de la Barre, c'est le quartier romain. M. Feret, l'une des modernes et modestes illustrations de cette ville, découvrit dans ce quartier, en 1827, plus de cinquante urnes de terre cuite. Dans le siècle dernier on y avait trouvé les restes d'un balnéaire et tout récemment un jeune archéologue, M. l'abbé Cochet a reconnu sur trois points le pavage de la voie romaine qui conduisait de Dieppe à Lillebonne. Les lieux où les traces de cette voie restent reconnaissables, sont le faubourg de la Barre, le petit Appeville ou Abbeville et la Croix-à-la-Dame. Mais laissons aux savans explorateurs des antiquités romaines le soin de poursuivre leurs curieuses investigations, et traversons encore une fois la Grande Rue pour arriver au faubong du Pollet.

Le faubourg du Pollet, situé à l'est de Dieppe, est séparé par les eaux du port et par celles du bassin de retenue qui divisent ce faubourg en deux parties, traversées l'une et l'autre par une grande rue. L'origine du mot Pollet a longtemps occupé et occupe encore les étymologistes ; les uns veulent que ce nom soit une corruption de Port-d'est, les autres s'appuyent sur des lettres patentes datées de 1283 dans lesquelles il est question de la — villa de Poleto : nous ne prendrons parti pour aucune de ces opinions; ce qui nous intéresse, c'est la population de ce faubourg, dont les mœurs, le genre de vie, les habitudes et le langage ont un caractère particulier, peuplade qui appartient certainement à une race d'hommes étrangère au pays Normand.

Est-ce une colonie vénitienne ainsi que le pense M. Vitet, qui est venue s'établir sur le point de cette côte vers le xme siècle ? Est-ce une émigration de Basques ou de bas-Bretons qui, désertant le sol natal sera venue chercher fortune et se livrer au dur métier de pêcheur sur cette plage poissonneuse ? Toutes les hypothèses sont permises, quand aucun jalon historique ne peut guider l'observateur dans ses recherches. Vénitienne, basque ou bretonne, quelle qu'ait été la langue des Polletais, c'est aujourd'hui une monnaie effacée dont il est impossible de déchiffrer l'empreinte ; les usages et les costumes n'ont pas subi les mêmes altérations. Eh bien, quelque portés que nous soyons à nous ranger à l'avis de M. Vitet, nous pensons, contrairement à l'opinion qu'il a émise, que les Polletais pourraient bien être les descendans de Bretons.

« J'ai vu, dit l'historien de Dieppe, un cortège de femmes assister au convoi d'un brave capitaine pêcheurs; elles étaient toutes enveloppées d'une grande mante noire, la tête couverte d'un capuchon » Cet usage s'est perpétué en Bretagne, il est religieusement observé dans la région de cette province que nous avons longtemps habitée, sur le bord de la mer, entre les rives de la Loire et celles de la Villaine. L'ancien costume n'avait pas moins d'analogie avec le costumes d'un bas-breton endimanché ; la casaque de drap bleu, le gilet bariolé, les hannes ou larges culottes froncées forment encore aujourd'hui le fond de ce costume original. Les Bretons de la contrée dont nous venons de parler, comme les Polletais, ne se marient qu'entr'eux; cette rigoureuse observance d'une coutume qui leur fait repousser toute alliance avec leurs voisins a tellement multiplié en Bretagne, au bourg de Batz surtout, les mêmes noms de famille, qu'il serait impossible de désigner les individus, si le sobriquet n'était pas venu en aide à l'appellation primitive. Les Bretons sont religieux comme les Polletais, superstitieux comme ces derniers, et l'on irait loin en analogie si l'on mettait en regard les traits principaux et même les nuances qui portent à penser que Bretons et Polletais ont une commune origine. Il est cependant une particularité dont il faut bien tenir compte, c'est que les Bretons, du moins la peuplade dont nous parlons sont très casaniers, peu chercheurs d'aventures et de pays lointains, attachés à leur foyer domestique au-delà de tout ce qu'on peut imaginer et que leur pays a été plus hospitalier pour les émigrations qu'il n'a donné l'exemple de ces mêmes émigrations vers des provinces étrangères ; c'est un fait bien constaté et voici ce que nous lisons à ce sujet dans un petit ouvrage récemment imprimé et dû à la plume d'un Finistérien, M. Ed. Corbière.

« La mise des paysans de Plouguerneau et de Plouescat, offre une ressemblance si surprenante avec celle des Grecs de l'Archipel, que quelques voyageurs prétendent avoir reconnu jusques dans la manière, du reste assez peu recherchée, dont les bas-Bretons brodent les cols de leurs chemises et de leurs vestes, les dessins dont quelques insulaires grecs font usage pour orner cette partie de leur habillement. En mentionnant ici ce fait sans nous hasarder à en garantir l'exactitude nous nous contenterons de dire que le vêtement des campagnards de Plouescat se rapproche si complètement dans tous ses détails de celui sous lequel on nous représente les Grecs, qu'il serait peut-être assez difficile d'établir une différence un peu marquée entre le costume des uns et celui des autres. Il n'est même pas jusqu'à la manière dont les riverains de cette partie du Finistère, relèvent et nouent leur longue chevelure sous leur petit bonnet phrygien, qui ne rappelle la mâle et simple coiffure des Hellènes. »

Après avoir lu ces lignes on comprend tout le parti qu'on pourrait tirer de ces similitudes et de ces rapprochemens pour soutenir l'opinion que les paysans du Finistère et les Polletais de Dieppe ont une commune origine ; mais nous ne pousserons pas plus loin des inductions qui nous feraient dépasser les limites qui nous sont imposées.

« Vivant toujours sur leurs barques, dit M. Vitet, se mariant entre eux, conservant religieusement leurs mœurs et leurs habits, les Polletais étaient restés pendant ces quatre ou cinq siècles en état de colonie ; nos lois, nos usages, les progrès des connaissances, les changemens survenus dans la société, la marche de la civilisation, en un mot tout ce qui se passait autour d'eux sur le sol français, c'était pour eux lettres closes. Ainsi, quoique naturellement spirituels, pleins de sens et même de malice, ils étaient dans le commerce de la vie de la plus incroyable simplicité. Chrétiens et pieux jusqu'à la ferveur, ils n'en ignoraient pas moins les premières notions des choses religieuses, et commettaient les plus grandes impiétés par excès de zèle et de foi. Ainsi, par exemple, leurs curés avaient beau leur faire des remontrances sur leur habitude d'ajouter presque à chaque mot un jurement en guise d'épithète, jamais ils ne purent s'en corriger ; ils s'en accusaient bien à confesse, mais en — jurant — de ne plus recommencer.

« On me racontait qu'il y a quelques années un pauvre pêcheur du Pollet, relevant de maladie, se traîna comme il put jusqu'à Neuville, pour rendre grâce à Dieu de sa guérison, dans l'église paroissiale. Il était à genoux devant le jubé, lorsqu'un grand crucifix, suspendu à la voûte, se détacha de ses gonds, et en tombant cassa le bras à notre convalescent. Le pauvre homme, transporté dans sa cabane, fut bientôt si souffrant que le curé crut devoir l'administrer, et lui présenta, selon l'usage, un crucifix à baiser. « Pour toi, dit le malade au crucifix, ze « veux bien : ze t'en veux pas ; mais pour ton.... grand « coquin de frère, Dieu me damne si ze le baise « zamais ! »

« C'est à l'église pendant les offices qu'il faut voir les Polletais, pour avoir idée de leur religion et de leur simplicité. Ils sont dans l'attitude d'une piété profonde, s'agenouillant sur la pierre et remuant gravement leur chapelet entre leurs doigts; mais quand vient le moment de chanter pour répondre à l'officiant, c'est le bruit du tonnerre, le mugissemen des flots. Jamais je n'ai entendu musique plus sauvage, plus effrayante. Ces pauvres gens semblent croire que plus ils crieront, mieux leurs prières seront entendues ; ils parlent à Dieu comme à leurs mousses, et chantent les psaumes comme ils commandent la manœuvre. »

On ne tarit pas à Dieppe en gais récits sur le compte de cette peuplade qui semble appartenir à une autre race d'hommes, en histoires plaisantes de leurs voyages de terre, et de leurs précautions marines, quand il y a nécessité pour eux d'enfourcher un cheval ou de monter en voiture.

« Les enfans de Dieppe sont bercés avec l'histoire du Polletais, qui, pour arrêter où bon lui semblerait la course de sa monture, s'était muni d'un appareil de mouillage, et qui, après quelque temps, fatigué du chemin, jeta l'ancre au milieu de la grande route. »

La Grande rue du Pollet avec ses vieilles maisons de bois vermoulues, à pignons, sont une bonne fortune pour les faiseurs de croquis : aussi cette rue d'un aspect artistiquement si riche est-elle passée presque tout entière sur les albums des voyageurs et souvent elle a fait le sujet de petits tableaux de genre appréciés et recherchés dans nos expositions publiques. Le Pollet a son église placée sous l'invocation de Notre-Dame des Grèves ; cette chapelle qui n'est qu'une succursale, bâtie au XVe siècle, n'a rien de remarquable.

Au pied de la falaise est l'emplacement de l'ancien fort du Pollet, démoli en 1692, ainsi que le fut cent dix ans après ce beau pont du Pollet qui datait du XVIe siècle. A Dieppe et malheurement sur d'autres points de notre belle Normandie, pour mettre à profit quelques pierres de taille, on brise, on foule aux pieds des chefs-d'œuvre, on anéantit tout souvenir. Quand donc se calmera cette fièvre de destruction !

Dieppe est une ville à deux faces ; comme Janus, elle a deux visages. L'hiver, on peut la peindre avec un bonnet de nuit, des galoches et une blouse bleue ; l'été, elle est coquette, élégante et très éveillée. L'hiver, elle est vieille, décrépite, pleine de frimas et vide d'habitans ; l'été, elle devient jeune, fraîche, verdoyante et presque tumultueuse ; cette saison pour elle, c'est la fontaine de Jouvence. Mais qu'est-ce qui opère cet heureux changement ? les bains ; Dieppe est tout dans ce mot. C'est par les bains que l'étranger connaît Dieppe ; c'est par les bains que Dieppe connaît ces étrangers. Aussi la ville leur est livrée trois mois durant ; les Dieppois, qui toujours occupent une maison entière se relèguent à la campagne ou se tapissent en un coin pour laisser aux baigneurs la disposition de leur logis.

Au mois de juin la moitié de la ville est à louer. Les bains sont la providence des hôtels, des propriétaires, des boutiquiers et des grands seigneurs ; pour les uns, c'est l'argent, pour les autres c'est le plaisir. C'est aux Bains que se donnent les bals, les soirées dansantes, les concerts, etc.

La marine n'est plus rien à Dieppe, on s'y souvient à peine d'Ango. On ne connait plus sa maison, on l'a fondue dans le collège. On vient de détruire la Tour-aux-Crabes, dernier jalon de sa puissance maritime. La marine s'est reléguée au Pollet et au petit-Veules, deux populations spéciales qu'il faut bien séparer par la pensée du reste de la ville, comme elles le sont par les mœurs, le costume et le langage. Le Dieppois est taquin, bilieux, chicaneur. c'est Richard Simon. le Polletais est rond, franc et ouvert, voilà Duquesne.

Le Dieppois est casanier ; le Polletais est aventureux ; l'un se repose de ses voyages de Guinée en sculptant l'ivoire qu'il en a rapporté ; l'autre tourmente sans cesse la mer, il s'ennuie à terre et il ne se reposera qu'après avoir exterminé le dernier poisson ; il semble qu'il y ait entre eux guerre à mort. Le Dieppois est religieux ; le Polletais l'est davantage ; ils ont tous deux un culte pour les vieilles coutûmes, les vieux usages, les vieilles traditions. Ne croyez pas toutefois que ce soit respect pour l'antiquité, non, c'est la paresse de rien changer, c'est crainte d'avoir la peine d'y toucher ; ils aiment mieux garder leur chemise sale que d'en prendre une autre ; ils ont le culte du passé à la façon de la roue qui cherche l'ornière.

❀

Commerce de Dieppe.

Par M. Baron fils, président de la Chambre de Commerce.

Dieppe, chef-lieu d'arrondissement du département de la Seine-Inférieure situé sur la Manche, à l'embouchure de la rivière d'Arques, par 49° 55' de lat. nord, et 1° 15' de long. ouest de Paris, à 39 lieues de poste de cette capitale, et à 14 lieues de Rouen. — Population 17,000 âmes — Siège d'une chambre de commerce, bureau principal de recettes des Douanes. — Entrepôt de sel et denrées coloniales — Nombreux parcs d'huitres blanches et vertes, pour Paris et la Flandre. — Possède un fort beau port qui reçoit des navires de 60 à 500 tonneaux et pouvant contenir dans son bassin à flot, 40 à 50 navires. Deux phares. l'un sur le cap d'Ailly, l'autre sur la jetée de l'ouest, et des fanaux, fournissant des signaux nocturnes, au moyen d'une machine télégraphique placée sur la jetée de l'est, guident les marins dans la rade et à l'entrée du port.

Trois siècles se sont écoulés depuis que, sur ses vaisseaux dorés dans ses palais construits et ornés par des artistes italiens, un commerçant dieppois recevait le roi de France, et éblouissait par sa magnificence, la magnifique cour de François 1er ; depuis qu'à la prière d'un ambassadeur, adressé au monarque et par lui renvoyé au bourgeois Ango, celui ci pardonnant les insultes faites à sa flotte marchande, donnait ordre à sa flotte militaire de laisser libre l'entrée du Tage et de cesser d'inquièter Lisbonne. Alors les navires dieppois, conduits par les mains les plus habiles, par ceux qui fondèrent la science de l'hydrographie, couvraient toutes les mers, et le génie commercial des grandes villes de l'antiquité revivait dans leur cité. — La première des temps modernes, elle a fondé sur la côte d'Afrique des établissemens européens, dont deux connus encore sous les noms de Petit-Dieppe, Petit-Paris. Cousin avait vu l'Amérique avant Colomb ; Dieppe avait, la première, porté les drapeaux français aux Indes et à la Chine. Du XIV au XVIIe siècle, cette ville était en possession de fournir à la France et à une grande partie de l'Europe des marchandises asiatiques et africaines, et les dents d'éléphants qui abondaient dans son port, y avaient introduit l'art de le travailler.

Mais, au moment le plus éclatant de cette étonnante splendeur du commerce maritime de Dieppe, quelques pêcheurs, s'abritant, au milieu des criques, sur les récentes alluvions d'un fleuve voisin, avaient légué à leurs enfans la prodigieuse opulence acquise par les travaux et le sang dieppois ; la Capitale et la Seine adjugeaient au Havre les dépouilles de Dieppe, et bientôt le commerce gigantesque de cette dernière ville, s'éteignit graduellement au profit des habitans du Havre, sans effort et sans peine de la part des ces heureux héritiers.

Le bombardement de 1694, où les Anglais détruisirent la ville de Dieppe, fut le terme du commerce lointain. Les maisons ont été reconstruites, mais l'émigration des hommes et des capitaux déjà commencée à la révocation de l'édit de Nantes, et surtout l'extrême avantage que donnait au Havre sa communication par rivière avec Paris et une partie des provinces, portèrent le dernier coup au grand commerce, et les pêches, jusqu'ici exploitées comme accessoires devinrent le principal soutien de Dieppe. — Au commencement du XVIIIe siècle, elles formaient un produit annuel de 1,200,000 francs.

L'établissement d'une manufacture royale de tabacs qui occupait plus de cinq cents ouvriers, atténuait les regrets causés par la cessation des expéditions lointaines, alors réduites à l'envoi de quelques navires aux Antilles, à la pêche de la tortue et à l'achat des bois du nord, qu'ils rapportaient avec des chanvres, des goudrons et des pelleteries.

Depuis cette époque jusqu'aux guerres de la révolution la manufacture de tabacs est supprimée ; les autres produits, surtout les dentelles déclinent ; mais les pêches se soutiennent : leur produit, pour Dieppe, de 5,323,100 francs, année moyenne, de 1783 à 1792, peut représenter, eu égard au changement de la valeur monétaire des objets, les produits du commencement du siècle ; mais à partir de l'époque des guerres républicaines, et malgré la longue paix de 1815 à 1836, la diminution devient rapide, et quoique les neuf dernières années présentent un accroissement considérable dans les armemens pour la pêche de la morue, un accroissement tel que maintenant cinquante navires, jaugeant plus de 8000 tonneaux, sont armés à Dieppe pour cette pêche, tandis que le même port n'y destinait en 1828 que vingt-trois navires portant 2,260 tonneaux ; le produit total des pêches, même en y faisant entrer le montant des ventes faites dans les autres ports, où presque tous les terre-neuviens font leur retour, présente encore une diminution de plus de 1|4, comparativement aux années de 1783 à 1792.

La pêche du hareng en particulier, cette nourrice de Dieppe et de tant de points du littoral, a considérablement souffert ; elle produisait, année moyenne, de 1783 à 1792, 2,000 000 fr. ; elle ne produit plus que 8 à 900,000 fr., achats frauduleux compris ; elle succombe sous les efforts du *chalut*, filet attaché à une longue pièce de bois, armée de fer aux extrémités, qui, tenu au fond de la mer par des poids énormes, et traîné par l'immense puissance d'un bateau à la voile, enlève, avec les plantes marines, le frai et les appâts qu'elles contiennent, détruit le poisson côtier, et surtout empêche le hareng de venir et de rester près des côtes, en privant ce poisson voyageur de ses abris et de la nourriture qu'il y trouvait autrefois, en inquiétant, coupant, traversant les lits de harengs et les filets destinés à les prendre. La tolérance dont abuse si fort le chalut, jointe à celle dont jouit l'apport frauduleux de harengs de pêche étrangère, achetés au Texel et aux Orcades, et introduits comme pêche nationale, tarit les sources de la vie du premier port de pêche du royaume et de beaucoup d'autres, et prive nos flottes militaires d'une multitude de leurs meilleurs marins. 70 à 80 navires arrivent chaque année dans le port de Dieppe chargés de bois du nord, de fers de Suède, de chanvre de Russie, de graines oléagineuses et de toutes les productions du nord. Les exportations consistent principalement en blés et farines pour le midi et l'ouest de la France; en huile de colzà, de lin, et tourteaux fabriqués dans les environs.

Les établissemens industriels sont dans Dieppe peu nombreux. On y remarque depuis quelques années deux scieries, mues par l'eau et la vapeur, qui ont rendu beaucoup plus considérables les arrivages en bois du nord, et dont les succès, suite des débouchés qu'elles ont su établir, en concourant à l'approvisionnement de la capitale, doivent faire espérer au pays d'autres établissemens de ce genre. — Une raffinerie depuis longtemps établie donne aussi l'espoir, par ses succès constants, que ce genre d'industrie reprendra à Dieppe son ancienne importance. — Une manufacture de dentelles, en même temps école primaire pour deux cents jeunes apprenties, fournit de bons dessins et des modèles aux ouvrières isolées. — On fait à Dieppe de l'horlogerie très bonne et en assez grande quantité; mais c'est surtout à Saint-Nicolas, à deux lieues de cette ville, que cette industrie a acquis un immense développement. La réputation de ces produits est très connue à Paris et dans la plus grande partie de la France.

Ainsi, du côté de la mer, les espérances les plus belles, les plus fondées, offertes par la nature, annuellement déchues par suite du chalut et des achats frauduleux que laissent exister des dispositions législatives, insuffisantes quant au principe, nulles quant à l'exécution ; du côté de la terre, tous les germes réunis d'une grande prospérité se développant avec lenteur, par défaut de communications faciles avec l'intérieur ; tel est en résumé l'état de l'arrondissement de Dieppe, envisagé sous le rapport commercial.

Les *taxes* et *usages* du port de Dieppe sont conformes à ceux du *Havre*. Les *changes* et *usances* comme à *Paris*.

Esquisses biographiques.

Un grand nom, celui d'Abraham DUQUESNE, s'élève au-dessus de toutes les illustrations qui jettent sur la ville de Dieppe un reflet de leur gloire artistique ou littéraire, et c'est encore avec un repect mêlé d'admiration, à notre époque si peu admiratrice et si peu respectueuse envers les célébrités *passées*, que tout ce qui porte un cœur français parle des exploits du héros qui soutint si vaillamment au combat de Messine l'honneur de notre pavillon, qui vainquit Ruiter, bombarda Gènes et Alger, brûla les flottes barbaresques dans le port de Chio.

ABRAHAM DUQUESNE, né à Dieppe en 1601, était fils d'un capitaine de vaisseau tué par les Espagnols auxquels Abraham jura dès lors une haine implacable. Lorsqu'en 1650 ces mêmes Espagnols profitant des troubles de la France envoyèrent des bâtimens de guerre au secours de Bordeaux qui avait levé l'étendard de la révolte contre le roi, on ne put, faute de marine s'opposer à leurs projets. Duquesne arma à ses frais une escadre et tandis qu'il marchait à la rencontre des Espagnols il se trouva en présence d'une flotte anglaise dont le commandant lui fit dire de baisser pavillon. « Le pavillon français, répondit Duquesne, ne sera jamais déshonoré tant que je l'aurai à ma garde ; le canon en décidera, et la fierté anglaise pourra bien aujourd'hui céder à la valeur française. » Cette réponse peint le héros. « Je voudrais bien, monsieur, lui dit Louis XIV à Versailles, que vous ne m'empêchâssiez pas de récompenser les services que vous m'avez rendus, comme ils méritent de l'être : mais vous êtes protestant, et vous savez quelles sont mes nitentions là-dessus. » Duquesne de retour chez lui rapporta ces paroles à sa femme qui lui dit : Il fallait lui répondre « Oui sire, je suis prostestant, mais mes services sont catholiques. »

Duquesne n'est pas le seul homme de mer dont la ville de Dieppe doive être fière d'avoir été le berceau ; sous l'égide de ce grand nom viennent se grouper tous ces navigateurs dieppois qui furent long-temps les rois de la mer ; qui, nouveaux Colombs découvrirent des régions inconnues, créèrent au commerce des débouchés et qui eussent mis la France en possession de vastes et riches contrées, si le gouvernement français eût compris de quelle importance il était pour notre pays de favoriser ces établissemens et les prises de possession de territoire, comme le faisaient alors les rois d'Espagne et de Portugal.

Deux écrivans d'un grand mérite, MM. Vitet et Estancelin ont tenté de faire aux navigateurs Dieppois la part de gloire qui leur revient dans ces périlleuses entreprises ; c'est à leurs intéressantes publications qu'il faut recourir pour juger si cette part est belle et grande. Là sont consignées les expéditions maritimes de ce Jean Parmentier, bourgeois et marchand de Dieppe, auteur d'une traduction en français de l'histoire de Salluste, lequel Parmentier sortit du port de Dieppe le 28 mars 1529 avec deux navires le *Sacre* et la *Pensée* pour faire le voyage des Moluques ; de Jean Ribaud, parti de la même ville en 1562 pour une expédition à la Floride, de Chauvin qui fondait en 155? au Canada une colonie pour le commerce de pelleteries, du capitaine Thomas Lambert, chef de l'expédition qui se fit au Sénégal en 1637, et de Cousin — qui avait vû — l'Amérique avant Colomb.

Qui ne se souvient que ce furent ces navigateurs dieppois qui arborèrent le pavillon français au Brésil. Personne n'a oublié les exploits du flibustier Legrand et les capitaines Guerard, Roussel et Dumesnil sont inscrits honorablement dans les fastes de la marine,

La vie de JEAN ANGO, ce roi des armateurs qui prit pour blason une sphère, qui posséda plus de seize navires, qui fit une fortune colossale, éleva des palais, hébergea des princes, battit souvent les Anglais, les Flamands, les Espagnols et les Portugais, et qui ternit une vie si glorieuse par les vices auxquels il s'abandonna sur ses derniers jours ; cette vie, disons-nous, n'est-elle pas un des plus curieux épisodes de notre histoire du seizième siècle !

Si des marins illustres, nous arrivons aux littérateurs célèbres, aux savants, aux artistes, nous trouverons inscrits dans ses annales biographiques les noms de GUILLAUME REMY, prêtre dieppois, le premier maître de l'école d'hydrographie, fondée à Dieppe en 1665, auteur de quelques ouvrages de mathématiques, de PIERRE DESCALIERS, autre ecclésiastique qui dressa les premières cartes marines qu'on ait faites en France, des hydrographes COUSIN, CAUDRON et DULAGUE, de THOMAS GOUYE mathématicien, astronome, géographe ; de BRUZENS de la MARTINIERE, auteur d'un dictionnaire historique et géographique, de RICHARD SIMON dont les ouvrages suffiraient seuls à l'illustration d'une ville et surtout son histoire critique de la marine et des coutumes de nations du Levant, de l'anatomiste JEAN PECQUET, célèbre par la découverte du réservoir du chyle qui porte son nom, des habiles graveurs MOLARD et MAUGER.

Quelques uns de ces hommes remarquables appartenaient à de savantes congrégations. Avant la révolution la ville de Dieppe était une des plus *riches* en institutions religieuses ; on y comptait des minimes, des capucins, des carmélites, des jésuites, des dames de la visitation, des carmes déchaussés, des bénédictins, des chanoinesses régulières, des pères de l'oratoire, une communautée de filles laborieuses. Les Pénitens seuls n'avaient pu parvenir à y fonder une maison ; quels griefs pouvait-on avoir contre ces pénitens pour les exclure d'une ville qui avait accueilli si hospitalièrement tant de congrégations ?

PROMENADE AUX ENVIRONS
De Dieppe.

ARQUES.

La plus intéressante excursion que puisse faire l'étranger qui se propose de passer quelques jours à Dieppe c'est une visite au château d'Arques, une des plus curieuses ruines de la Normandie et par la position qu'elles occupent et par les souvenirs historiques qui s'y rattachent ; aussi est-ce une promenade obligée qui se fait bourgeoisement en omnibus, fashionablement en calèche ou en landau et tout simplement à pied si l'on est artiste, botaniste, antiquaire. Deux heures de marche suffisent à l'achèvement de la course d'un point à l'autre de Dieppe à Arques ; cette route est délicieuse, c'est l'allée d'un beau jardin tantôt ombragée comme une forêt, tantôt découverte et riante comme la prairie.

On sort de Dieppe par la route royale de Paris sur laquelle on fait quelques centaines de pas ; puis on se trouve à — l'orée — d'un chemin vicinal qui conduit au but désiré. A droite un joli coteau, à gauche une belle vallée touchant à ces près salés qui nourissent ces succulens moutons dont les tables aristocratiques parisiennes connaissent la saveur et le prix.

Le premier hameau qui s'offre à vos yeux dans cette voie étroite c'est Saint-Pierre d'Épinay. Deux guinguettes bruyantes ont usurpé la place de l'Ermitage et la chapelle occupés en 1573 par deux pieux anachorêtes. Un peu plus loin, Bouteilles, village qui communiquait avec Dieppe par un canal au temps où la vallée était couverte de marais salans, industrie précieuse et que le pays a perdue. Bouteille est fréquenté par les — noceurs — dieppois qui, les jours de fête viennent en foule sous ses frais ombrages arroser la crevette plébéïenne avec le cidre du crû; des corsaires flamands ont baptisé du nom de Rosenthal (vallée des roses,) un de ses cabarets champêtres. Près de Bouteille, une vieille muraille et une croix plus vieille encore, marquent l'emplacement d'une — moinerie — de l'ordre de Citeaux.

A droite de la route, avant d'arriver à l'église d'Arques, car nous voici au terme de notre promenade, nous remarquons, une maison particulière, objet de la pieuse vénération des habitans du voisinage; c'est l'ancienne chapelle de Saint-Guinefort que les Polletais appelaient Saint-Tirefort; là se faisaient jadis de fréquens et nombreux pélérinages et des miracles au moins aussi nombreux, si l'on en croit la tradition. Les miracles ont cessé avec le culte du Saint-patron: mais la vénération est restée comme le parfum au vase qui a longtemps recélé une liqueur odorante.

Nous ne ferons en ce moment qu'une très courte station dans ce bourg de huit cents âmes qui fut une ville; montons au château où nous appelle une impatience qu'il est juste de satisfaire. Nous comprendrons mieux le village quand nous aurons visité le géant abattu qui le domine encore. On accède au château par un chemin — montant, caillouteux, malaisé. — Le premier aspect de ces ruines vous attriste et vous met dans l'âme je ne sais quelle teinte de mélancolie qui a peine à se dissiper, quand vos regards se reportent sur le riant paysage dont vous êtes entouré.

L'histoire de cette grande ruine a été écrite en 1839 par un vrai savant, M. Deville, qui ne recule devant aucun obstacle, dès qu'il s'agit de rendre à un de nos monumens publics ses titres perdus, ou effacés par le temps, qui se sert de la main de l'homme pour édifier et pour détruire. C'est après s'être bien pénétré de l'esprit de ses laborieuses recherches qu'on peut visiter le château d'Arques avec fruit et c'est sous l'impression fraîche encore de cette lecture que nous allons en résumer l'intéressante monographie.

L'Arques de nos jours, l'Arques déchue, le village de 800 âmes est l'ancienne capitale du Talou, depuis comté d'Arques, boulevard de la frontière septentrionale de la Normandie. On est peu d'accord sur l'époque de sa fondation ; ce qui est prouvé par de vieilles chartes, c'est que dès le commencement du onzième siècle cette ville servait de résidence temporaire aux ducs de Normandie.

Le comte Guillaume, oncle paternel de Guillaume le bâtard, duc de Normandie, reçut en pur don de son neveu et seigneur le comté d'Arques dont le donataire chercha après quelques années de possession à décliner la suzeraineté ; ce fut pour l'accomplissement de ce dessein qu'il fonda en 1038 le château d'Arques, ce formidable colosse de pierre qui ne fut terminé qu'en 1043. Le comte Guillaume, fier de son ouvrage et se croyant désormais à l'abri de toute atteinte derrière ses épaisses murailles, devint aussi téméraire qu'audacieux et poussa tellement à bout la patience du duc Guillaume, que ce prince crût sa puissance et son honneur intéressés au châtiment d'un insolent vassal Il se mit donc en campagne et bientôt il fut maître de la forteresse ; mais il ne la garda pas long-temps la garnison qu'il y avait laissée trahit ses devoirs, céda à de vives suggestions, à de menteuses promesses et livra le château aux mains qui l'avaient construit. Le duc Guillaume, outré de cette trahison, jura de le reprendre, il voulut d'abord tenter l'assaut, mais un coup-d'œil jeté sur les deux profondes vallées qui en défendent l'approche, sur les immenses fossés qui l'enceignent de toutes parts, sur ces hautes murailles, sur ces tours armées de machines de guerre et où se pressaient plus de trois cents chevaliers, le fit renoncer à cette entreprise ; il se contenta d'en faire le blocus. Henri Ier, roi de France, vint en aide à l'oncle rebelle, il y fit pénétrer quelques hommes, des provisions de toute espèce ; mais le blocus étant devenu très rigoureux, Guillaume d'Arques fut contraint de se rendre à discrétion ; il déclara à tous, un peu tardivement sans doute, que violer son serment et sa foi est une iniquité et presque toujours un malheur ; que le mot de paix est doux et flatteur et la chose plus agréable et salutaire. Après cet acte d'une contrition, arrachée par la faim et le désespoir, il fut obligé de rendre la forteresse et de se mettre à la merci du vainqueur. Le duc Guillaume lui fit quelques concessions, mais il lui ôta et son château et son comté.

Voici en quels termes le chapelain du duc, présent à la reddition de la place, rapporte la scène du déguerpissement.

« Et voilà un triste spectacle, une fin misérable ! Ces cavaliers français ,naguère si fiers et si fameux, voilà que, mêlés aux Normands, ils se dérobent, autant que les forces le leur permettent, la tête basse de honte et d'épuisement ; les uns suspendus sur des juments faméliques, qui peuvent à peine faire sonner la corne de leurs pieds ou soulever la poussière ; les autres ornés de bottes et d'éperons , s'avançent dans un équipage inaccoutumé, presque tous portant sur leur dos voûté, la selle de leurs chevaux, quelques uns se portant à peine eux-mêmes. C'était pitié de voir défiler les hommes de pied, tant leur misère éclatait sous des formes variées et dégoûtantes. Le comte, escorté de sa femme et de ses enfans les précédait, blême de faim et la peau collée sur les os. »

Après l'expulsion du comte Guillaume le félon, le duc de Normandie confia l'administration du comté et la garde du château au vicomte d'Arques, petit-fils de Gozelin, fondateur du monastère du Mont Sainte-Catherine de Rouen : ce vicomte Gozelin était homme de guerre et de voyages, l'ennemi des moines de Fécamp. C'est vers ce temps, dit M. Deville, que vient se mêler à l'histoire du château d'Arques une aventure que nous ne devons point passer sous silence :

« Qui n'a entendu parler de Robert-le-Diable, de ce héros mi-fabuleux, si populaire en Normandie au moyen âge et encore de nos jours. Robert, après s'être livré à toute la perversité de son caractère infernal, tourmenté, ivre de ses excès, de ses fureurs, de ses crimes, ne sachant plus à qui s'en prendre, dans sa rage, apprend que la duchesse de Normandie, sa mère est au château d'Arques. Il veut pénétrer le fatal secret de sa destinée ; il y vole, il entre l'épée nue à la main, les yeux enflammés ; tout fuit à son aspect. Sa mère seule se présente devant lui ; ce monstre si furieux, si sanguinaire, un mot de sa mère le désarme ; la voix de sa mère l'a attendri ; la raison et la vertu ont repris sur lui leur empire, il reconnaît ses fautes et tombe à ses pieds. »

Après la mort de Guillaume-le-Conquérant, devenu roi d'Angleterre, Robert hérita du duché de Normandie il fit épouser sa fille, qu'il avait eue d'une courtisanne, à Hélie, fils de Lambert de Saint-Saëns et lui donna en mariage le château d'Arques que digne vassal

Lambert sut conserver contre les entreprises des ennemis de Robert et sur les donjons duquel ne cessa de flotter la bannière de Normandie. Mais la Normandie envahie par les armées françaises, donna bientôt de la tablature au prince Henri, fils de Guillaume et héritier par conquête de la couronne d'Angleterre. Henri triompha dans ces longues luttes, augmenta, après sa victoire, les fortifications des nombreuses places de son duché et notamment celles du château d'Arques. C'est à cette ancienne construction qu'appartiennent en partie les ruines encore existantes de ce château.

Mais voici qu'en l'année 1135, Etienne, roi d'Angleterre, comte de Poulogne, et Geoffroy Plantagenet qui avait épousé la fille unique de Henri se disputent le duché de Normandie les armes à la main. Etienne, maître du château par composition, en avait confié la garde et la défense au chevalier flamand Guillaume Lemoine. L'armée de Geoffroy assiégeait la citadelle depuis treize mois, lorsqu'une flèche lancée du camp alla frapper à mort l'intrépide Lemoine dans une des tours du château. Cet événement amena la reddition de la place dont Geoffroy devint l'heureux possesseur.

En 1173 Arques fut une des places stipulées comme garantie de la rançon de 20,000 marcs d'argent exigée pour la mise en liberté de Richard Cœur-de-Lion, tombé dans les mains d'un lâche chrétien qui le vendit comme un vil animal à un autre chrétien lequel le retint plus d'un an dans les fers. Philippe-Auguste maître de la seigneurie d'Arques, la donna en dot à sa sœur Alix; mais Richard en redevint possesseur au moyen d'une convention conclue avec Philippe-Auguste et sous le bouclier.

Le château d'Arques servit de prison à l'infortunée Aliénor, sœur d'Arthur-de-Bretagne, assassiné dans la tour de Rouen par Jean sans-Terre, son oncle. Aliénor était nièce de Richard-Cœur-de-Lion ; après la mort d'Arthur, elle fut transportée au château de Cardiff en Angleterre où elle termina sa triste existence en 1241.

En 1202, une tentative de Philippe-Auguste contre le château, défendu par les troupes de Jean-sans-Terre qui avait fait mettre les fortifications en bon état échoua contre la vigoureuse défense de la garnison; mais deux ans plus tard le roi de France arborait sa bannière sur les donjons de la vieille forteresse, la dernière qui se rendit et qui maintint jusqu'au bout l'honneur et le drapeau national.

En 1348, sous Philippe de Valois, la garnison du château d'Arques se composait d'un capitaine, de quatre hommes d'armes et de douze archers; sept années plus tard on en réparait le donjon, on le mettait en état de défense; mais cette place forte comme toutes celles de la Normandie, devait subir l'humiliation du joug des Anglais; elle passa en effet en 1419 sous leur domination, où elle resta pendant trente ans et ne fut purgée de leur présence que sous Charles VII, qui les expulsa de la Province. Nous arrivons, après avoir passé sous silence quelques faits historiques de peu d'importance, au temps de la ligue, à la surprise du château par le gouverneur de Dieppe et à la bataille d'Arques, livrée le 21 septembre 1589.

Le château d'Arques était au pouvoir de la Ligue qui en avait donné le commandement à Robert d'Épinay; Dieppe tenait pour le roi. Aymar de Chaste qui commandait dans cette ville se mit en tête de ramener le château à l'obéissance de Henri III; le

19 mars 1584 il fit déguiser en matelots quelques habitans de Dieppe auxquels il adjoignit des soldats de la garnison. Parmi eux se trouvaient sous le même costume, les capitaines Gonneau, Richebourg et Jean Boucher ; le dos chargé de paniers remplis de poisson et leurs armes cachées sous leurs amples vêtemens, les voilà gravissant lentement la pente de la colline qui conduit au château ; ils arrivent près des deux tours de l'entrée. La sentinelle, qui reconnait des pêcheurs et qui en a vu vingt fois apporter des provisions au gouverneur, les laisse passer par le petit pont-levis. Une fois entrés, les faux matelots se précipitent sur la trop confiante sentinelle et l'égorgent ; ils courent à la seconde poterne, se jettent sur les soldats de la garnison, qui, surpris à l'improviste, séparés et désarmés n'opposent aucune résistance. En quelques minutes, la Ligue était dépossédée du château.

Le dernier fait d'armes dont le château d'Arques fut le témoin ou le théâtre, est celui qui porte le nom de cette fameuse bataille, gagnée par Henri IV sur les ligueurs, commandés par le duc de Mayenne.

Henri qui voulait en finir avec la Ligue, avait quitté Rouen, dont il faisait le siège, pour venir à Dieppe : après avoir pourvu à la sûreté de la ville, il vint se loger au château ; et là, il fit ses plans et dressa ses batteries : c'est sur une des tours ruinées de cette vieille forteresse, qu'il faut se placer pour bien saisir l'ensemble des opérations. Au dessous de la lisière de la forêt, au pied de cette colline toute nue, qui fait pendant au coteau de Martin-Eglise, nous voyons deux maisons couvertes de chaume ; jadis, c'était la maladrerie de St-Étienne. Le duc de Nemours, qui se battait pour la Ligue, en arrivant à Martin-Eglise, ne s'était pas aperçu que cette position commandait toute la vallée, et qu'en l'occupant, il eût mit le roi dans un cruel embarras. Henri, qui vit cette faute, en fit prendre possession par le maréchal de Byron qui s'y fortifia, établit sur la colline une espèce de camp retranché et exécuta avec hardiesse et célérité d'autres dispositions qui contribuèrent au succès des armes du roi.

Henri avait sous ses drapeaux 7500 combattans dont 750 cavaliers, 10 pièces d'artillerie, sans compter 6 canons mis en batterie au château. Mayenne avait une armée de 25000 hommes de pied et 8000 chevaux. Si ces forces imposantes eussent pu se développer, c'en était fait de l'armée royale ; mais le champ de bataille était tellement resserré, que le roi avait beau jeu.

Le combat commença vers 10 heures du matin et dura jusqu'au soir ; le commencement fut accompagné d'une petite pluie et d'un brouillard si épais, que les canons du château d'Arques, qui commandait sur le champ de bataille, étaient devenus inutiles; mais le brouillard s'étant dissipé, le canon du château fit une décharge si juste et d'un effet si terrible, que les ligueurs en furent ébranlés : quatre autres volées s'étant succédé rapidement, le plus grand désordre se mit dans l'armée ennemie, qui fut forcée de battre en retraite et d'abandonner le champ de bataille. Le jour même, Henri écrivait à Crillon : « Pends-toi, brave Crillon, nous avons combattu à Arques, et tu n'y étais pas ! »

Sur ce champ de bataille a été érigée, en 1829, une pyramide commémorative, par les descendants des braves Dieppois qui versèrent leur sang à côté du seul roi dont le peuple ait gardé la mémoire.

Si la bataille d'Arques fut glorieuse pour Henri IV, elle devint funeste à la population du pays. En 1611, cinq cents familles en étaient réduites à la mendicité et lorsque la reine Anne d'Autriche et le cardinal Mazarin conduisirent en 1647 Louis XIV, alors âgé de neuf ans sur le champ de bataille d'Arques, illustré par les exploits de son aïeul, l'antique forteresse avait encore un gouverneur en titre, mais il n'y avait plus de soldats. Deux invalides étaient chargés d'ouvrir sa première et sa seconde porte ; c'était là tout le personnel de sa garnison et vers la fin du règne de ce prince le vieux château normand tombant en ruines était jugé — impropre au service du roi. —

En 1753, un sieur de Clieu obtint la permission d'en arracher des matériaux pour bâtir son château de Derchigny.

De 1753 à 1768 d'autres particuliers et les religieuses d'Arques eurent part au butin ; en 1771 tous les habitans d'Arques, sans distinction, furent admis à puiser à cette vaste carrière.

Le 10 mai 1793, on mit aux enchères publiques, comme bien national, 30 ares en côte et pâtis y compris l'emplacement et les ruines du vieux chateau ; le tout fut adjugé à un sieur Reine, d'Arques, pour la somme de 8,300 livres. Ces ruines passèrent ensuite entre les mains d'un sieur Larchevêque qui en montrait l'intérieur moyennant vingt sous — par tête de visiteur ; — mis en vente par ses héritiers en 1836, il allait incomber à la bande noire, quand Mme Reiset; veuve de l'ancien receveur-général du département, en fit l'acquisition et M. Deville la curieuse et intéressante histoire.

Le génie militaire conserve aux archives du château de Dieppe, un document qui fait connaître quel était encore en 1708 l'état de conservation du château d'Arques. Voici un extrait de ce précieux inventaire :

« Son enceinte est de maçonnerie très épaisse, flanquée de quatorze tours, tant grosses que petites, rondes et carrées, qui sont toutes voutés à deux et trois étages, mais dont la plupart sont comblées par les ruines des parapets du dessus, à l'exception des quatre plus grosses, de la première et seconde entrée du côté de Dieppe, dans lesquelles il y a à chacune un magasin sous terre, et un corps-de-garde au dessus, qui sont très beaux, et dont la maconnerie, qui est de briques, se trouve en quelques endroits aussi belle que si elle venait d'être faite.

« L'on a pratiqué dans le passage de l'entrée de ce château, du côté de Dieppe, des galeries dans les épaisseurs des murs qui sont percés de créneaux, en sorte qu'il faut, pour y entrer passer entre deux feux.

« Il y a dans ce château un fort beau donjon, d'une figure carrée, qui est séparé en deux par dedans d'une muraille de cinq pieds d'épaisseur, ayant dans un des côtés un grand magasin, une chapelle, une petite chambre, et un escalier pour monter sur la plate-forme ; de l'autre côté, un autre magasin de même grandeur que le premier, un puits qui est comblé à quarante toises de profondeur, de petites galeries, avec d'autres petites chambres ou prisons, pratiquées dans l'épaisseur des murs, et un endroit où était autrefois un moulin.

« Les voûtes de ce donjon, sont faites en ogive ; elles portent une plate-forme assez belle, qui commande à toutes les hauteurs qui environnent cette forteresse.

« L'on trouve au pied de ce donjon un escalier de cinquante-deux marches, qui descend à des souterrains pratiqués dans la marne, sous l'escarpe du fossé, qui ont six pieds de hauteur et quatre pieds de largeur, dont partie sont revêtus de briques ; celui qui est à la droite, au pied dudit escalier, n'a été poussé que sur la longueur de quarante toises ; celui de la gauche se trouve bouché par des décombres a soixante quinze toises : il parait aller plus loin ; l'on assure même qu'il descend jusqu'à la rivière, qui est dans une vallée fort enfoncée au pied dudit château. L'on va de ce souterrain dans un autre, que l'on dit qui conduit jusqu'à Dieppe, et dont l'entrée, qui commence au bout de ce dernier, est aussi bouchée par des décombres.

« Les deux ponts de ce château sont de maçonnerie : celui qui est du côté de Dieppe est en assez bon état ; mais celui qui est du côté de Longueville, les piles en sont tombées. »

Aujourd'hui les maçonneries dépouillées de leur revêtement n'ont plus aucune forme précise, ce sont, dit M. Vitet, des masses de cailloux et de ciment sans caractère, sans profils, et l'antiquaire ne trouve plus dans ces décombres qu'une ruine épuisée et presque stérile.

Dans les vastes cours du château on a disposé des plates-bandes, tracé des sentiers, semé des gazons. Sur le point culminant des ruines on a élevé un pavillon qui a reçu dans les belles matinées d'été la duchesse de Berry quand cette princesse tenait sa cour à Dieppe.

« Promenons encore nos yeux sur cette triple enceinte, sur cette vieille citadelle de Richard, dit M. Deville en terminant son ouvrage, sur cette ceinture de fossés si imposante, si grandiose ; sur ces tours, sur ces murailles, sur ces ponts déversés et fendus ; sur ce donjon dominant majestueusement de son front chauve, comme un roi découronné, tous ces remparts étagés à ses pieds ; puis reportant nos regards sur cette riante ville d'Arques, à demi voilée de ses bouquets d'arbres, sur cette large vallée que trois rivières sillonnent de leurs filets d'argent, sur cette forêt étalant au loin son manteau de verdure, sur cette ville de Dieppe, brillant à l'horison entre ses deux falaises blanches, disons que jamais plus beau paysage n'a servi de cadre à de plus belles ruines !

Nous avons promis de faire suivre l'exploration historique du château d'Arques d'une visite à la cité déchue qui rampe à ses pieds. La capitale du Talou, la ville dépositaire des étalons des poids et mesures qui devaient avoir cours dans une partie de la Normandie, qui au temps de sa splendeur donnait à une de ses rues le nom pompeux de la capitale de l'empire romain, qui comptait un monastère de l'ordre de Citraux, un Hôtel-Dieu, fondé en 1222, une maladrerie, une maîtrise des eaux et forêts, un bailliage étendant sa juridiction sur deux faubourgs de Dieppe et sur deux cents paroisses, avait déjà perdu au xve siècle son titre de cité ; ce n'était plus que le bourg d'Arques. Aujourd'hui c'est une petite commune de 800 habitans, s'élevant sur un terrain en pente et montrant à travers les touffes d'arbres de ses nombreux jardins quelques jolies maisons, gracieuses miniatures portant le cachet de la renaissance ; une d'elles surtout, se distingue par sa façade en mosaïque, ses gentilles fenêtres, son pignon bien découpé et dont l'intérieur offre une cheminée ornée de colonnettes sculptées et de pilastres du travail le plus délicat.

Mais voici un monument religieux plus digne de notre attention, c'est cette église dans le style du 15e siècle, dont les dimensions n'ont rien de remarquable ; mais dont l'ensemble a, je ne sais quel air de coquetterie qui donne à son architecture une grâce toute particulière; à l'extérieur, ce sont des rosaces, des feuillages, de petites figures sculptées avec une finesse admirable « La tour, dit M. Vitet, n'a été achevée qu'un siècle environ après l'église : c'est sur une des pierres de sa corniche supérieure qu'on lit le millésime 1628. Ce qu'il y a de remarquable, c'est qu'au lieu d'achever cette tour suivant le goût de son temps, et d'enter une jeune tête sur un vieux corps, comme cela se pratiquait toujours, l'architecte du dix-septième siècle s'est à peu près conformé au style et à l'ordonnance de son devancier. Il y a bien une différence de travail : ces petits modillons de 1628, sont plus roides, plus réguliers que les ornements du même genre qui se rencontrent dans les frises des étages inférieurs; mais il n'y a point de dissemblance choquante, point de disparate fondamentale entre l'œuvre du premier architecte et celle de son successeur.

Avant d'entrer dans l'église, nous jetterons encore les yeux sur les nombreuses gargouilles qui bordent la corniche du côté du sud. Elles ne sont pas, tant s'en faut, aussi belles que celles de St-Jacques de Dieppe; mais il en est une que l'artiste s'est amusé à décorer d'une singulière façon; il lui a jeté en sautoir le collier de l'ordre de Saint-Michel.

Intérieurement l'église offre d'assez heureuses proportions, mais rien de grandiose ni d'imposant : le vaisseau est d'une dimension fort ordinaire, et le jubé, qui obstrue l'entrée du chœur, réduit la nef à de mesquines proportions. Ce qui m'a le plus frappé dans l'intérieur de cette église, ce sont les lambris des chapelles, et particulièrement ceux d'une grande chapelle latérale au chœur du côté de l'Évangile. Ces lambris sont découpés ou plutôt sculptés avec une verve et une facilité merveilleuses : rien de si fin, de si varié, que ces ornements jetés dans tous ces petits caissons. On trouvera là un échantillon de cette adresse à sculpter le bois que j'ai déjà signalée comme un des apanages d'une certaine classe de la population dieppoise.

Au-dessus de ces lambris, on voit quelques fragments de vitraux peints. Ils ne sont pas sans mérite, mais ne valent pas ceux d'Ancourt; ils ont d'ailleurs trop souffert pour qu'on les puisse bien juger. »

L'architecte de ce monument, Nicolas Bédiou, maître maçon, mort en 1572, repose dans le chœur de cette église, ainsi que nous l'apprend une inscription gravée sur la pierre qui recouvre ses restes. On lit sur le mur d'une tourelle située à l'angle ouest de la façade nord du transept, terminé par un joli parasol, une invitation que fait Bédiou de

Prier trestous le crucifix
Pour cil qui l'œuvre a commencée.

Ce Bédiou, dont le ciseau était si habile, est sans doute aussi l'auteur d'une croix qui se trouve devant le portail, et qui porte encore les traces d'une mutilation opérée par une main protestante !

Nous allons quitter Arques, les ruines de son château, dont la grande ombre se projette sur une filature de coton, ses riants jardins, ses belles fleurs et ces jolies et fraîches figures de femme, faites encore pour exciter la luxure d'un comte Richard, dont on vous racontera peut-être sur les lieux et en ces termes la vieille histoire :

Le comte Richard, dit le continuateur de Guillaume de Jumièges, ayant entendu parler de la beauté de la femme d'un sien forestier, demeurant non loin de la ville d'Arques, dirigea adroitement une partie de chasse de ce côté, voulant s'assurer par lui-même si on lui avait fait un récit fidèle. S'étant donc logé dans la maison du forestier, émerveillé de la beauté de cette femme, il ordonna à son hôte de lui amener, cette nuit-même à son lit Sainfrie, car tel était le nom qu'elle portait. Le mari, tout triste, en ayant fait part à sa femme, celle-ci comme une sage épouse, le consola, en disant qu'elle mettrait à sa place sa sœur Gunnor, jeune vierge dont la beauté surpassait encore la sienne : ce qui fut fait. Le duc, ayant appris la fraude, se réjouit grandement de n'avoir pas péché avec la femme d'autrui..

LES QUATRE VALLÉES.

A l'est et à peu de distance du château d'Arques est située une petite bourgade qui s'appelle Saint-Nicolas d'Alihermont; là se fabrique une grande quantité de mouvemens d'horlogerie. C'est à un habile mécanicien de Paris, M. Honoré Pons, que cette industrie, créé depuis cent ans sur ce point, doit sa régénération et l'état de prospérité où elle se trouve aujourd'hui.

En redescendant vers Dieppe est le village d'Ancourt avec son église bâtie en grès, ses curieux vitraux peints, d'une belle conservation, et son bénitier du même style que celui de l'église Saint-Remy, dont la légende a mis en défaut la science si souvent conjecturale des antiquaires.

A une lieue d'Ancourt à l'embranchement de la vallée d'Arques et d'une vallée plus étroite, sur les bords de l'Eaulne, au milieu d'un site pittoresque se trouve St-Martin-Église qui joua un rôle dans le grand drame de la bataille d'Arques.

A une demi lieue à l'est du Pollet est une gorge, un petit vallon dont l'aspect sauvage attriste l'ame. Sur un des côtés de ce vallon au pied duquel est assis le chétif hameau du Puy, apparaît un rempart de gazon qui s'élève jusqu'à la sommité du coteau, se continue sur la pente opposée, tourne dans la plaine et se prolonge à perte de vue. Cette immense circonvallation est l'œuvre de la main des hommes. A Dieppe on appelle cette enceinte le — camp de César — ou la cité de Limes ; les paysans la nomment le — castel. — Des fouilles entreprises sur plusieurs points par M. Féret, ont amené la découverte de différens objets d'une haute antiquité ; mais d'autres recherches ont mis à nu un assez grand fragment de constructions véritablement romaines. Nous laisserons sur la cité de Limes le champ libre aux conjectures et nous entrerons dans la vallée de la Scie, séparée de la vallée d'Arques par un plateau qui n'a pas en certains endroits plus d'un quart de lieue de largeur. La Scie qui donne son nom à cette vallée prend sa source à 7 lieues de Dieppe ; cette rivière serpente près des ruines de l'ancienne abbaye et du château de Longueville, rival du château d'Arques, mais que le marteau du démolisseur n'a pas épargné, car ses murailles ont été rasées au niveau du sol ; sa fondation remontait au XIe siècle. Le prieuré de Longueville était contemporain du château ; il a eu la même fin. Longueville est un gros bourg qui n'offre rien de remarquable.

Près de cette même vallée, avant de descendre à Saint-Aubin on gravit sur une rampe plantée d'arbres qui conduit au château de Mirosmesnil, construction du temps de Louis XIV : ce sont les proportions de Versailles avec la végétation de la Normandie.

Sur la colline qui fait face au château, le village d'Offranville et deux ou trois jolis manoirs avec leurs avenues d'arbres et leurs murailles de briques. L'église d'Offranville d'une belle dimension a 150 pieds de long sur 60 de large. Le chœur et les transepts sont de la fin du XVe siècle ; la nef est d'une autre époque. La sacristie de cette église conserve des portions de verrières et de boiseries sculptées d'une grande beauté. La vallée de la Scie, si riante à son origine, se termine, au milieu d'un paysage d'un aspect âpre et sauvage, au hameau de Pourville, ce séjour chéri des démons et des sorcières, au dire des habitans des campagnes voisines qui ne manqueront pas de vous répéter en vous parlant de ce chétif village, que pour se faire pêcheur à Pourville, mieux vaut être filleul d'une fée que d'un évêque.

La vallée de la Saâne s'ouvre sur la mer comme celle de la Scie ; on peut y arriver en partant de Pourville et en suivant le pied des falaises, à marée basse. Cette vallée doit son nom au ruisseau de la Saâne qui prend sa source à sept lieues de Dieppe sur un plateau dont Tôtes occupe le centre : il reçoit les eaux de la Vienne, autre ruisseau qui sort du parc du château de Sainte-Géneviève et baigne une infinité de jolis villages et de vergers qui forment le plus délicieux paysage. Mais le seul qui mérite de fixer l'attention du voyageur, c'est le hameau de Sainte-Marguerite, situé sur le revers d'une falaise, à quelques centaines de pas de l'embouchure de la Saâne. Ce point a conservé son appellation romaine, il est désigué sous le nom de Caprimont, le mont des Chèvres. Sur le point culminant du monticule qui domine la mer et la vallée, le soc de la charrue mit à nu, il y a quelques années, des fragmens de mosaïque dont on n'a pas encore reconnu l'étendue ; c'était sans doute le pavé d'un temple romain. MM. l'abbé Cochet et Féret ont récemment, par des fouilles bien dirigées, amené la découverte d'autres morceaux d'antiquité qui pourront jeter quelques lumières sur les établissemens que les Dominateurs du Monde ont assis sur le littoral de la Manche et sur les bords de la Seine.

A un quart de lieue de Sainte-Marguerite s'élève le phare d'Ailly dont les feux se distinguent et s'épandent à plus de 10 lieues en mer. Il est à regretter que cette belle et utile construction ait été établie sur une falaise dont la mer corrode et mine incessamment la base; avant un demi-siècle peut-être, le phare d'Ailly et les deux phares de la Hève auront une commune destinée, la mer les aura engloutis dans ses abîmes.

Nous ne quitterons pas cette vallée sans visiter l'église de Sainte-Marguerite qui offre, comme presque tous les monumens religieux de la Normandie, le caractère de l'architecture de diverses époques. M. Vitet pense avec raison que les constructions primitives de cette église remontent à la fin du xe. siècle; il recommande aux amateurs l'autel contemporain de la nef, antérieure d'au moins 150 ans au xiie siècle, et une charmante petite abside dont l'hémicycle s'avance jusqu'au bord du chemin creux au-dessus duquel l'église est bâtie.

« Je n'ai trouvé, aux environs de Dieppe, dit le même écrivain, que deux églises qui, par leur antiquité et le caractère de leur architecture, offrent le même genre d'intérêt que cette petite basilique de de Sainte-Marguerite; l'une est l'église d'Avremenil, l'autre celle du Bourg-Dun. Avremenil est un village situé au-dessus de Gueurres, au milieu des terres, sur le plateau qui domine à l'ouest la vallée de la Saâne. Ce qu'il y a de plus ancien et de plus remarquable dans son église, c'est son clocher, flanqué d'un clocheton ou tourelle qui l'accompagne dans toute sa hauteur et se groupe merveilleusement avec lui.

C'est à quatre petite lieues de Dieppe, dans la vallée arrosée par le Dun que vous trouverez cette antique église. Il existait au Bourg-Dun une abbaye déjà très ancienne en 1015. Trois sortes de constructions sont à remarquer dans ce vieux temple chrétien : du bysantin pur, de l'ogive de transition et de l'ogive fleurie des XVe et XVIe siècle ; c'est un de ces monumens qui font le bonheur de l'antiquaire, parce qu'il y trouve à admirer, à critiquer et à étudier.

VARENGEVILLE. — LE MANOIR D'ANGO.

Varengeville est un des plus beaux villages de Normandie; son église, (nous suivons le même écrivain) n'est pas au centre, mais à une des extrémités, plantée comme un nid d'aigle sur la pointe la plus élevée de la falaise. On dit que, fatigués d'aller si loin chercher les offices, les habitans résolurent un jour de démolir leur église et de se servir des matériaux pour la reconstruire au milieu du village, mais les vieillards vous racontent que Saint Valery s'y opposa. Saint Valery, patron de la vieille église, affectionnait le bord de la mer, et pour apprendre à ses paroissiens que ce projet de translation n'était pas de son goût, que fit-il? Lorsque l'église fut démolie, il transporta pendant une nuit toutes les pierres qu'on avait déjà charriées loin de la falaise, et les remit en place. Les pauvres habitans, à leur réveil, ouvrirent de grands yeux, demandèrent pardon à Saint Valery, et lui promirent d'être désormais moins tièdes et moins paresseux.

« Mais ce n'est pas assez de ces beautés pittoresques, Varengeville possède encore une autre sorte d'illustration. Après avoir erré quelque temps dans ces rues à voûtes ombragées, vous arriverez devant un vaste corps de ferme dont les granges et les bergeries ont un certain air d'élégance et de majesté. Entrez, pénétrez dans cette grande cour : c'est bien une ferme, voilà des monceaux de fumier, des nuées de volailles, des bestiaux comme à la foire ; et pourtant voyez ces murailles; quel luxe! quelle délicatesse! Ces fenêtres encadrées de festons et d'arabesques, ces médaillons sculptés, cette galerie à jour, portés par ces colonnes si gracieusement ornées, cette tourelle à six étages, et les charmantes petites fenêtres qui l'éclairent; tout cela n'est pas d'une ferme. Nous sommes ici dans quelque demeure de prince : les plus belles années de la renaissance ont vu exécuter ces sculptures, et l'artiste était digne d'exercer son ciseau à Anet, à Écouen, à Chantilly.

« Eh bien, oui ; ce n'est point pour un fermier qu'ont été élevées ces murailles, c'est pour le Médicis de Dieppe, pour le célèbre armateur Ango. Qu'on juge par ces précieux débris ce que fut son manoir de Varengeville, quand ces bâtimens, convertis en greniers, étaient plus élevés d'un étage, quand ces corps de logis, aujourd'hui rasés jusqu'au sol, se mariaient avec l'ensemble des constructions, quand enfin, autour du castel, régnaient de larges et beaux fossés, puis d'élégants parterres communiquant, par des chemins de fleurs, à de grands massifs de verdure, à de majestueuses futaies. »

FIN.

www.ingramcontent.com/pod-product-compliance
Ingram Content Group UK Ltd.
Pitfield, Milton Keynes, MK11 3LW, UK
UKHW020342250726
13967UKWH00005B/2077

9 782013 039550